행복에 이르는 기도

*행복*에 이르는 *기도*

2007년 11월 21일 교회 인가
2007년 12월 20일 초판 1쇄 펴냄
2008년 5월 7일 초판 3쇄 펴냄

지은이 · 김영수
펴낸이 · 정진석
펴낸곳 · 가톨릭출판사
편집 겸 인쇄인 · 김승철
편집 · 이현주, 표지 디자인 · 정호진

주소 · 서울특별시 중구 중림동 149-2
등록 · 1958. 1. 16. 제2-314호
전화 · (02)360-9114(대)
　　　(02)360-9172(영업국)
지로번호 · 3000997

ISBN 978-89-321-1066-0 03230

값 7,000원

ⓒ 김영수, 2007

http://www.cph.or.kr
http://www.catholicbook.co.kr

인터넷 가톨릭서점 http://www.catholicbook.co.kr
중림동 서적성물센터 (02)360-9178/ FAX (02)393-8554
명동대성당 서적성물센터 (02)776-3601, 3602/ FAX (02)776-1019
가톨릭회관 서적성물센터 (02)777-2521/ FAX (02)777-2520
수원지사 (031)254-4105/ FAX (031)254-4106
미주지사 (323)734-3383/ FAX (323)734-3380

가톨릭의 모든 도서와 성물을 '인터넷 가톨릭서점'에서 만나 보실 수 있습니다.

김영수 지음

행복에 이르는 기도

가톨릭출판사

머리말

    미국과 캐나다를 100일 동안 천천히 여행하면서, 아프게, 그리고 기쁘게 하느님을 그리워하면서 쓴 기도입니다.
    이 작은 기도들이 저에게는 진실로 행복에 이르는 층계가 되고, 몇몇 이웃에게는 조금이라도 도움이 되었으면 좋겠습니다.
    아무리 치열하게 산다 해도 기도 없이는 삶이 쓸쓸할 수밖에 없고, 아무리 당당하게 산다 해도 기도 없이는 삶이 공허할 수밖에 없음을 깨닫습니다.

2007. 12.
김영수 아브라함

1.

즐기게 하소서 · 15

첫날이게 하소서 · 16

속삭이게 하소서 · 17

성공하게 하소서 · 18

가난하게 하소서 · 19

그리워하게 하소서 · 20

따지지 않게 하소서 · 21

길들이게 하소서 · 22

상쾌하게 하소서 · 23

만나게 하소서 · 24

고백하게 하소서 · 25

기억하게 하소서 · 26

고요하게 하소서 · 27

2.

목말라하게 하소서 · 31

자라게 하소서 · 32

영원하게 하소서 · 33

어리석게 하소서 · 34

슬퍼하지 않게 하소서 · 35

생생하게 하소서 · 36

채우게 하소서 · 37

고독하게 하소서 · 38

되게 하소서 · 39

늙어가게 하소서 · 40

열매 맺게 하소서 · 41

바꾸게 하소서 · 42

믿게 하소서 · 43

3.

침묵하게 하소서 · 47

닿게 하소서 · 48

기도하게 하소서 · 49

깨어 있게 하소서 · 50

흐르게 하소서 · 51

아파하게 하소서 · 52

상속받게 하소서 · 53

깨닫게 하소서 · 54

설레게 하소서 · 55

시작하게 하소서 · 56

두려워하게 하소서 · 57

말하게 하소서 · 58

간직하게 하소서 · 59

걸게 하소서 · 60

4.

우기지 않게 하소서 · 63

뉘우치게 하소서 · 64

자유롭게 하소서 · 65

부활하게 하소서 · 66

준비하게 하소서 · 67

용서받게 하소서 · 68

듣게 하소서 · 69

결심하게 하소서 · 70

두려워하지 않게 하소서 · 71

벗어나게 하소서 · 72

놀라게 하소서 · 73

너그럽게 하소서 · 74

거닐게 하소서 · 75

머물게 하소서 · 76

5.

감사하게 하소서 · 79
되찾게 하소서 · 80
생각하게 하소서 · 81
충만하게 하소서 · 82
체험하게 하소서 · 83
노래하게 하소서 · 84
낮아지게 하소서 · 85
뛰어넘게 하소서 · 86
어울리게 하소서 · 87
부끄러워하게 하소서 · 88
평화롭게 하소서 · 89
떠나게 하소서 · 90
사랑하게 하소서 · 91
쉬게 하소서 · 92

6.

거룩하게 하소서 · 95

꿈꾸게 하소서 · 96

갈아엎게 하소서 · 97

용기 있게 하소서 · 98

눈물짓게 하소서 · 99

존재하게 하소서 · 100

아름답게 하소서 · 101

지혜롭게 하소서 · 102

선택하게 하소서 · 103

화해하게 하소서 · 104

새롭게 하소서 · 105

다가가게 하소서 · 106

열게 하소서 · 107

기다리게 하소서 · 108

1.

제 마음이 흐릴 때에는 맑은 그리움으로 얼굴 씻어 첫날이게 하시고,
마음이 슬플 때에는 깊은 울음으로 자신을 떠내려 보내서 첫날이게 하시며,
마음이 쓸쓸할 때에는 아름다운 하늘을 꿈꾸어 첫날이게 하소서.
마음이 마냥 떠돌 때에는 평화를 진지하게 기도해서 첫날이게 하시고,
마음이 지루할 때에는 하느님의 사랑을 노래해서 첫날이게 하소서.

즐기게 하소서

하느님, 저의 삶이 재미없거나 저의 마음이 우울한 것은 삶을 즐길 줄 모르는 탓임을 진지하게 돌아보게 하소서. 즐긴다는 것은 하느님께서 주신 삶을 감사히 받아들여 기쁘게 이루어간다는 뜻임을 깨닫게 하소서. 만약 이 땅에서 즐기지 못한다면 저 하늘에 가서도 즐기지 못하는 것 아니겠습니까?

제게 주어진 모든 것들을 기꺼이 즐기게 하소서. 마음에 드는 것, 편리한 것, 쉬운 것만을 골라 즐기지 않고 진실로 깊은 삶이 되는 어려운 것들도 받아들여 즐기게 하소서. 밝게 즐길 줄 아는 영혼, 즐길 수 있는 힘을 흥겨이 길러가는 영혼이 어디에서든 천국을 불러들일 수 있는 것 아니겠습니까? 늘 불평 속에서 자주 화를 내는 영혼이라면 이웃의 삶까지도 어둡게 하는 것 아니겠습니까?

따뜻한 봄과 함께 무더운 여름도 즐기게 하시고, 서늘한 가을과 함께 매서운 겨울도 즐기게 하소서. 또한 실바람과 함께 날 선 바람도 즐기게 하시고, 맑은 이슬과 함께 된서리도 즐기게 하소서.

그리고 햇살 밝은 하루와 함께 구름 낀 하루도 즐기게 하시고, 삶과 함께 죽음도 두려움 없이 즐기게 하소서. 아멘.

첫날이게 하소서

하느님, 하루 하루를 묵은 생각과 때 묻은 말, 메마른 표정과 마냥 복 달라는 기도로만 살지 않게 하소서. 저의 하루가 새롭게 다가와 영혼이 구원을 느끼는 기쁨, 마음에 푸른 하늘이 내려와 있는 기쁨, 삶의 지루함이 흔적 없이 사라지는 기쁨을 체험할 수 있는 그런 첫날을 저에게 허락하소서.

이 땅에서부터 첫날을 맞는 신비한 기쁨의 층계를 쉼 없이 올라야만, 그 끝에서 영원한 첫날을 맞게 되는 것이겠지요!

제 마음이 흐릴 때에는 맑은 그리움으로 얼굴 씻어 첫날이게 하시고, 마음이 슬플 때에는 깊은 울음으로 자신을 떠내려 보내서 첫날이게 하시며, 마음이 쓸쓸할 때에는 아름다운 하늘을 꿈꾸어 첫날이게 하소서. 마음이 마냥 떠돌 때에는 평화를 진지하게 기도해서 첫날이게 하시고, 마음이 지루할 때에는 하느님의 사랑을 노래해서 첫날이게 하소서.

그리고 마음이 절망에서 허덕일 때에는 하느님께서 하신 위대한 약속, '너를 용서해서 영원한 생명에로 이끌리라'는 말씀을 떠올려 첫날이게 하소서. 아멘.

속삭이게 하소서

하느님, 제가 만약 아름다운 세계를 앞에 두고 싸늘히 외면하거나 멀뚱히 바라만 보거나 시끄러운 소리를 낼 뿐 정답게 속삭일 수 없다면, 아마도 저는 사랑이 없는 마음으로 살아가는 것이 아닐까 싶습니다.

자연 속에 은밀하고도 장엄히 흐르는 아름다움을 보지 못하고, 이웃의 착하고도 순결한 마음을 읽지 못하며, 하느님 안에 가득한 사랑과 평화를 느끼지 못해 속삭일 줄 모른다면, 저는 무엇으로써 삶다운 삶을 이룰 수 있겠습니까?

하느님, 저로 하여금 속삭이게 하소서. 속삭이는 일은 그 무엇을 닮아가는 일이겠지요! 외로움 속에서 자랑스럽게 하늘을 밝히는 모습을 닮을 수 있게 골짜기의 들꽃과 속삭이게 하시고, 평화를 길게 노래하는 모습을 닮을 수 있게 강물과 속삭이게 하시며, 아름다운 생명을 일구는 모습을 닮을 수 있게 푸른 햇살과 속삭이게 하소서.

또한 속삭이는 일은 마침내 그 무엇과 하나 되는 일이겠지요! 하루의 삶이 하느님의 숨결과 하나 될 수 있게 신성한 새벽과 속삭이게 하시고, 함께 하늘을 거닐면서 하나 될 수 있게 기도할 줄 아는 이웃과 속삭이게 하소서. 그리고 영원에 닿아 거룩한 영혼들과 하나 될 수 있게 하느님과 속삭이게 하소서. 아멘.

성공하게 하소서

하느님, 성공이란, 눈부시게 드러난 삶도, 이미 닿은 삶도 아님을 깨닫게 하소서. 안으로 청결하고 기쁜 삶을 쉼 없이 다져가는 일, 낮은 곳에서 아름다운 삶을 꾸준히 늘려가는 일이 곧 성공이라 믿게 하소서. 어리석은 듯 품위 있는 삶, 넘어지면 다시 일어서는 삶, 영혼의 모자람을 채워달라며 간절히 기도하는 삶을 이어가는 것이 성공이라 믿게 하소서.

잠시라도 기쁨을 잃지 않는, 또렷이 살아 있는 평화를 늘 느끼게 하시어 행복한 삶으로 성공하게 하시고, 그치지 않는 차분한 사랑과 향기롭고도 싱그런 기도를 늘 간직하게 하시어 거룩한 삶으로 성공하게 하소서.

또한 궂은 비에도 젖지 않는 미소와 어느 골짜기에서도 밝은 희망을 늘 잃지 않게 하시어 드높이 살아 있는 삶으로 성공하게 하시고, 열어서 넉넉한 마음과 바쁜 가운데서도 한가한 마음을 늘 누리게 하시어 여유 있는 삶으로 성공하게 하소서.

그리고 하느님 앞에서 늘 깊고도 그윽하게 숨을 고르면서 나날이 생명에 다가가는 삶으로 성공하게 하소서. 아멘.

가난하게 하소서

하느님, 재물을 모으거나 명예와 지식을 쌓는 것이 주로 오만한 삶의 모습을 어지럽게 드러내는 것이라면, 그것과는 다르게 다만 영원한 세계만을 강렬하게 사랑하려는 사람이야말로 진실로 행복하게 되는 것 아니겠습니까?

저로 하여금 버리게 하시고 비우게 하시며, 물리치게 하시고 씻어내게 하시어 거룩한 소망 하나로 가난하게 하소서. 그리하여 가난이 삶을 진실로 기쁘게 하는 풍요임을 체험하게 하소서.

무엇이든 가득히 차지하려는 마음과 어디에서나 높아지려는 마음을 버려서 깨끗이 가난하게 하시고, 마구 채우려는 마음과 시끄럽게 들뜨려는 마음을 비워서 비장히 가난하게 하소서. 유혹에 빠지려는 마음과 걸핏하면 하느님이나 이웃을 원망하려는 마음을 물리쳐서 거룩히 가난하게 하시고, 복잡해지려는 간사한 마음과 쉽고 편한 방법으로 하늘나라를 얻으려는 비천한 마음을 씻어서 투명히 가난하게 하소서.

마침내 드맑은 영혼이 되어 가난의 풍요 속에서 작은 별처럼 하늘에서 영원히 반짝이게 하소서. 아멘.

그리워하게 하소서

하느님, 제가 아무것도 그리워하지 않으면, 아무것도 되지 못한 채 오직 생기 없는 삶을 덤덤히 살아가게 될 뿐이겠지요! 또 만약 그 옛날 감미로웠던 시절이나 좋았던 한때를 그리워만 한다면, 저는 꿈이 모자라는 사람이 되어 지극히 수준 낮은 삶을 살아가게 될 뿐이겠지요!

그러나 영원한 생명의 세계인 사랑을 진지하게 그리워한다면, 언젠가는 그 세계에 들 수 있는 영혼으로 성장하게 될 것이라 믿습니다.

하느님, 다만 사랑 하나 그리워하게 하소서. 근심을 사라지게 하면서 미소가 되는 사랑, 두려움을 없애면서 자유가 되는 사랑, 슬픔을 물리치면서 구원이 되는 사랑, 그 거룩한 세계를 그리워하게 하소서. 허무를 가라앉히면서 평화가 되고, 욕심을 스러지게 하면서 아름다운 꿈이 되며, 어둠을 살라버리면서 끝없는 평화가 되는 사랑, 그 빛나는 세계를 그리워하게 하소서.

그리고 상쾌하고도 거룩한 기도가 되면서 보잘것없는 자신을 버리게 하는 사랑, 그 영원한 세계를 그리워하게 하소서. 아멘.

따지지 않게 하소서

하느님, 제가 조금이라도 손해보지 않으려고, 조금이라도 밀리지 않으려고 따지고 덤비는 일이야말로 참으로 아름답지 못한 똑똑함이 아니겠습니까? 이웃과 자주 따지는 것이 결코 삶을 바르게, 그리고 지혜롭게 하는 일이 아니라 오히려 삶을 매우 값싸게, 그리고 메마르게 하는 것임을 알게 하소서.

낱낱이 따지지 않고도 이길 수 있고, 속속들이 따져 들추지 않고도 마음이 편할 수 있게 하소서. 잘 따지는 버릇을 버릴 때, 비로소 제 영혼에 사랑의 싹이 돋는 것임을 체험하게 하소서.

하느님, 저로 하여금 어느 것이 정의인가를 생각하게 하시되 어느 것이 이로운가는 따지지 않게 하시고, 어느 것이 사랑인가를 생각하게 하시되 어느 것이 쉬운가는 따지지 않게 하소서. 또한 어느 것이 아름다운가를 생각하게 하시되 어느 것이 저를 드러내는 것인가는 따지지 않게 하시고, 어느 것이 진실인가를 생각하게 하시되 어느 것이 마음에 드는가는 따지지 않게 하소서.

그리고 어느 것이 진리인가를 생각하게 하시되 어느 것이 편한가는 따지지 않게 하시고, 어느 것이 고귀한 삶인가를 생각하게 하시되 어느 것이 화려한 삶인가는 따지지 않게 하소서. 아멘.

길들이게 하소서

하느님, 제가 삶을 쉽고 편한 것으로, 그리고 자신에게만 유익한 것으로 빤질하게 길들여왔다면, 그것이야말로 사랑의 삶과는 너무나도 동떨어진 모습이 아니겠습니까?

이제라도 삶을 새로이 시작하게 하소서. 아픔이 따르더라도 반드시 새로이 시작하게 하소서. 진실로 멋있고 아름다운 삶에 저를 새로이 길들여가면서 영원한 참행복의 영광을 맛보기 시작하게 하소서. 하느님께서는 어려움 속에서 새로워지려는 영혼의 눈물겨운 모습을 어여뻬 보시리라 믿습니다.

모든 아름다움에 흔쾌히 고개를 끄덕이는 일과, 하늘 한 자락, 풀꽃 하나, 어느 이웃이나 너그러이 바라보며 평화로이 웃는 일에 저를 길들이게 하소서. 또한 이웃을 상쾌히 축복하는 일에 저를 길들이게 하시고, 모든 것에 감사하는 일과, 조건없이 용서하는 일과, 여지없이 낮아지는 일에 저를 길들이게 하소서.

그리고 정직하게 생각하고 간결하게 기도해서 단순 명쾌하게 살아가는 일에 저를 단단히 길들이게 하소서. 아멘.

상쾌하게 하소서

하느님, 저를 이 세상에 좀 더 두시려면, 아니 오늘 밤에 데리고 가시더라도 지금 저의 영혼을 상쾌하게 하소서. 상쾌한 영혼의 삶만이 구원의 삶이 되어, 삶의 진정한 보람을 맛보면서 영원한 나라를 맞게 되는 것이라 믿습니다.

제가 우울함과 불안함에 길들여져 어느 삶이나 다 그런 것인 양 생각하면서 소중한 생애를 잃지 않게 하소서. 상쾌함이 없는 영혼의 삶이라면, 천 년을 산들 무슨 소용이 있을까를 진지하게 생각하게 하소서.

잠시는 캄캄하더라도 어지러운 탐욕의 마음을 용기 있게 버리게 하시어 저의 생각을 상쾌하게 하시고, 잠시는 겨울나무처럼 쓸쓸하더라도 시끄럽게 들뜨는 마음을 차분히 가라앉게 하시어 저의 말과 미소를 상쾌하게 하소서.

또 한때는 모질게 아프더라도 자신을 온전히 하느님께 바치게 하시어 저의 기도를 상쾌하게 하시고, 그리고 한때는 억울하고 막막하더라도 지금껏 복잡하게 익힌 삶을 죄다 버리게 하시어 저의 오늘과 나머지 생애를 상쾌하게 하소서. 아멘.

만나게 하소서

하느님, 제가 사람들을 지나치게 골라서 만나지 않게 하소서. 그러나 제가 닮고 싶은 사람을 더 많이 만나게 하소서. 누구를 만나는 일은 그와 함께 삶을 지어내는 일일 터인데, 아름답거나 거룩한 사람을 만난다는 것은 제가 조금이라도 낫게 자랄 수 있는 기회를 얻게 되는 것 아니겠습니까? 저를 성장케 하는 사람 안에는 틀림없이 하느님이 계시리라 생각합니다.

저는 반드시 성장해야만 합니다. 지금 이대로는 너무나도 모자라 저의 소망인 영원한 생명을 얻지 못할 것이기 때문입니다.

아이의 얼굴 빛으로 동요를 부를 줄 알고 풀꽃들의 이름을 많이 아는 사람을 만나게 하시고, 침묵으로 깊은 곳을 말할 줄 알고 깨끗한 가난을 기도할 줄 아는 사람을 만나게 하소서. 또한 자기를 진지하게 고뇌하면서도 자기를 환하게 기뻐할 줄 아는 사람을 만나게 하시고, 늘 거룩한 평화를 꿈꾸면서 드맑은 영혼으로 생명을 노래할 줄 아는 사람을 만나게 하소서.

그리고 그 만남들 속에서 빼놓지 않고 하느님을 만나게 하소서. 아멘.

고백하게 하소서

하느님, 아름다운 영혼은 아름다운 고백을 할 줄 알고, 풍요한 영혼은 풍요한 고백을 할 줄 알겠지요? 그렇다면 아름답고도 풍요하게 하느님께 다가가려는 영혼이야말로 빛나는 고백을 하는 사람이 아니겠습니까?

저로 하여금 하느님을 진실로 감동케 하는 고백을 하게 하소서. 이웃을 제 몸같이 사랑하지 못하고, 낮아져서 높아지지 못하며, 가난해져서 부요하지 못함에, 그리고 죽어서 다시 살지 못함에 가득히 얼굴 붉히며 '부끄럽습니다' 하고 고백하게 하소서.

햇살 속에서 감격의 눈물을 글썽이게 하시고, 자주 꽃 곁에서 쉬게 하시며, 아낌없이 새로운 하루를 꺼내주심에 고개를 숙이면서 '감사합니다' 하고 고백하게 하소서.

보잘것없는 저를 사뭇 용서하시고, 넘어졌을 때 번번이 세워주시며, 헤맬 때 길 잡아주심에 눈시울을 붉히며 '사랑합니다' 하고 고백하게 하소서.

그리고 영원한 나라를 주겠노라시는 위대한 약속의 자비로운 눈빛을 떠올리며 '뜨거이 기억합니다' 하고 고백하게 하소서. 아멘.

기억하게 하소서

하느님, 저는 진정 무엇을 기억하면서 살아가는 것입니까? 이웃이 제게 한 잘못들만 낱낱이 기억하고 있는 것은 아닌지를 돌아봅니다. 제가 기억하는 세계들은 곧 저의 삶을 결정해주는 것이라는 생각에 슬퍼집니다. 남의 결함이나 자신의 억울함을 주로 기억하고 있다면, 저는 주로 불만을 쏟으면서 사는 것임을 증명하는 것이기 때문입니다.

좋은 사람은 좋은 체험 세계를 많이 기억하고 있고, 거룩한 사람은 거룩한 체험 세계를 많이 기억하고 있는 사람일 터인데, 저로 하여금 그 좋은 세계들과 거룩한 세계들을 많이 만들어 기억하게 하소서.

근심 없이 강 언덕을 달리며 노래를 부르던 어린 시절의 순결한 얼굴 빛을 기억하게 하시고, 따스한 추억으로 일어서는 그 옛날의 가난함에 어려 있는 청결함을 기억하게 하소서. 또한 저를 위해 기도하는 이웃이 있음을, 제가 기도해야 할 이웃이 있음을 기억하게 하시고, 저를 깨워 새 아침에 닿게 하시는 그 은혜를 기억하게 하소서.

그리고 허물 많은 저의 영혼을 영원의 물가로 이끄시는 위대하신 손길을 늘 기억하게 하소서. 아멘.

고요하게 하소서

하느님, 저는 정녕 무엇 때문에 시끄럽고 어지러운 것입니까? 시끄럽거나 어지러운 것은 저의 마음이 고요함을 잃어 하느님께서 주시는 신비한 평화를 받아들이지 못하고 있기 때문이 아니겠습니까?

고요함이 없는 영혼은 무게 없이 들떠서 살거나 어둠으로 출렁이는 형체 없는 삶을 살 수밖에 없을 것입니다. 영혼이 고요함으로 차 있을 때, 거기에는 신비한 빛이 어리면서 말로는 지어낼 수 없는 세계들을 가득히 받아들이게 되는 것이라 믿습니다.

하느님, 저로 하여금 고요하게 하소서. 온갖 헛된 것들을 꿈꾸면서 정신 없이 흔들리는 자신을 정직하게 들여다봄으로써 마음을 고요하게 하시고, 가득한 미움과 원망을 내려놓고 용기 있게 이웃을 용서함으로써 마음을 고요하게 하소서.

그리고 밝은 삶의 영원한 기쁨을 간절히 그리워함으로써 영혼을 고요하게 하시고, 하느님께서 허락하시는 거룩한 죽음을 떠올림으로써 영혼을 고요하게 하소서. 아멘.

어려움은 영혼을 더욱 단단하게 하는 것임을 알게 하시어
어려움을 만나는 일을 슬퍼하지 않게 하시고, 영혼을 오직 하느님께로 향하게
하시어 이웃이 저를 알아주지 않아도 슬퍼하지 않게 하시며,
삶을 하느님의 뜻대로 이루려 할 때 명쾌하게 행복해지는 것임을 깨닫게 하시어
삶이 제 뜻대로 되지 않아도 슬퍼하지 않게 하소서.

목말라하게 하소서

하느님, 살아 있는 영혼은 반드시 목말라하는 법입니까? 목말라하는 영혼만이 살아 있는 것입니까? 그렇다면 사랑을 목말라하는 영혼만이 하느님 안에서 평화롭고도 힘차게 살 수 있는 것이겠지요!

그런데 제가 만약 하느님의 사랑을 목말라하지 않은 채 살아간다면, 저는 무엇을 내세우면서 진실로 살아 있다는 증거를 댈 수 있겠습니까?

하느님, 제가 하느님의 사랑을 목말라함으로써 영혼을 신비하게 촉촉한 햇살로 늘 밝히고 싶습니다.

저로 하여금 하느님의 사랑을 간절히 목말라하게 하소서. 자유와 기쁨이 되어 영혼을 살려내는 사랑, 그 빛을 목말라하게 하시고, 친절과 화해가 되어 이웃을 살려내는 사랑, 그 향기를 목말라하게 하소서.

너그러움과 상쾌함이 되어 세상을 넉넉히 새롭게 하는 사랑, 그 노래를 목말라하게 하시고, 삶의 처음이 되고 영원이 되는 사랑, 그 끝없는 생명을 목말라하게 하소서. 아멘.

자라게 하소서

하느님, 사람이 산다는 것은 조금씩 자라는 일이 아니겠습니까? 제가 자라지 않고 있다면, 저는 이미 죽은 것이나 같은 것이 아니겠습니까?

자신과 가족에만 옹졸히 치우친 사랑에서 세상을 넉넉히 다스릴 수 있는 너른 사랑으로 자라게 하시고, 자주 흔들리거나 멈추어 서는 불안한 믿음에서 영원한 생명에 거뜬히 닿을 수 있는 깊고 튼튼한 믿음으로 자라게 하소서.

또한 자주 끊어지고 어두워지는 희망에서 늘 햇살이 되어 영혼을 밝히는 빛나는 희망으로 자라게 하시고, 자꾸만 바라기만 하는 기도에서 끝없이 감사하는 기도로 자라게 하시며, 시끄러움이 주는 얕고 덧없는 기쁨에서 고요함이 일구는 신비한 기쁨으로 자라게 하소서.

그리고 보이는 세계만을 보는 눈에서 보이지 않는 세계에도 상쾌히 닿는 눈으로 자라게 하시고, 자주 희미해지면서 형체를 알 수 없는 꿈에서 거침없이 세상을 뛰어넘는 위대하고도 선명한 꿈으로 자라게 하시며, 쉬이 사라지거나 깨어지는 평화에서 커다란 숲처럼 빛나는 평화로 자라게 하소서. 아멘.

영원하게 하소서

하느님, 제 영혼이 순간에 머물다 다만 덧없이 사라질 뿐이라면, 저는 삶의 보람을 어디에서 찾을 수 있겠습니까? 성공적으로 살아간다는 것은 영혼을 영원한 삶의 언덕으로 오르게 하고 있다는 뜻이 아니겠습니까?

저를 영원하게 하소서. 자신을 용기 있게 버리는 영혼에 사랑의 이슬들이 주렁히 맺히고, 자신을 아프게, 그리고 기쁘게 뉘우치는 영혼에 평화의 새벽놀이 붉게 어리는 것이겠지요! 그 황홀한 순간 속에서 영원하게 하소서.

이웃을 계산 없이 용서하는 영혼에 축복의 뭉게구름이 퍼지고, 이웃과 망설임 없이 화해하는 영혼에 기쁨의 꽃들이 흐드러지는 것이겠지요! 그 거룩한 순간 속에서 영원하게 하소서.

그리고 감사함을 뜨겁게 기도하는 영혼에 자유의 하늘이 높푸르게 뜨고, 하늘을 바라보며 거룩한 죽음을 향해 기꺼이 떠나는 영혼에 미소의 천사들이 가득히 날겠지요! 그 가슴 벅찬 순간 속에서 영원하게 하소서. 아멘.

어리석게 하소서

하느님, 제가 똑똑해서 얻어내는 삶은 진정 어떤 것입니까? 똑똑함이 낳는 삶은 이웃을 번번이 이기고자 초조해하는 삶, 그것이 아닙니까? 그런 똑똑함의 삶이란, 이 땅에서만 잠시 통하는 매우 허무한 성공임을 깨닫게 하소서.

저로부터 똑똑함을 거두어주시어 세상과 삶을 어리석음 속에서 편안히 건너게 하소서. 내일부터는 초조히 똑똑해지려는 마음 아닌, 넉넉히 어리석은 마음으로 아침을 맞고 싶습니다.

저를 진실로 어리석게 하소서. 어리석음 속에 하늘이 빛나게 어린다 하셨지요! 똑똑해지려는 오만한 얼굴을 거두어주시어 다만 겸손함으로 어리석게 하소서. 또한 높아지려는 마음과 뽐내려는 몸짓을 버리게 하시어 다만 낮아짐으로 어리석게 하소서.

그리고 자신을 터무니없이 감싸려는 거짓되고 간악한 말들을 없애주시어 다만 침묵으로 어리석게 하시고, 무엇이든 이웃과 비교하려는 마음과, 걸핏하면 자신을 드러내려는 생각을 멈추게 하시어 다만 감춤으로 어리석게 하소서. 아멘.

슬퍼하지 않게 하소서

하느님, 제가 슬퍼할 필요가 없는 것들을 두고 결코 슬퍼하지 않게 하소서.

오늘에다 뜻과 정성을 온전히 쏟게 하시어 세월이 흐르는 것을 슬퍼하지 않게 하시고, 가난할수록 삶이 깨끗해지는 것임을 알게 하시어 가진 것이 적음을 슬퍼하지 않게 하시며, 나름의 재능과 성격을 하느님께서 저에게 알맞게 주셨음을 발견하게 하시어 남보다 뛰어나지 못함을 슬퍼하지 않게 하소서.

어려움은 영혼을 더욱 단단하게 하는 것임을 알게 하시어 어려움을 만나는 일을 슬퍼하지 않게 하시고, 영혼을 오직 하느님께로 향하게 하시어 이웃이 저를 알아주지 않아도 슬퍼하지 않게 하시며, 삶을 하느님의 뜻대로 이루려 할 때 명쾌하게 행복해지는 것임을 깨닫게 하시어 삶이 제 뜻대로 되지 않아도 슬퍼하지 않게 하소서.

하늘을 향한 거룩한 희망으로 밝아 있는 노인을 바라보게 하시어 늙어가는 자신을 슬퍼하지 않게 하시고, 육체가 좀 상한다 해도 영혼은 건강할 수 있음을 알게 하시어 병이 듦을 너무 슬퍼하지 않게 하시며, 하느님을 통해 영원한 삶을 얻을 수 있음을 확실히 믿게 하시어 죽음을 조금도 슬퍼하지 않게 하소서. 아멘.

생생하게 하소서

하느님, 생생함이 없는 영혼이라면, 정녕 아무 의미 없는 곳에 머물다 쓸쓸히 사라지고 말 것입니다. 제가 생생함이 없는 영혼으로 깨달음 없이 살아가고 있을 뿐이라면, 제 삶은 정말 허망한 세계를 맴돌고 있을 뿐일 것입니다.

영혼에 생생함이 없다는 것은 영혼이 아름답고 거룩한 세계 밖에서 쓸쓸함과 거짓됨, 시끄러움과 허무함 속을 헤매고 있음을 의미할 것입니다. 생생함이 없는 영혼인 채로 아무리 길게 산들 무슨 소용이 있겠습니까? 며칠을 살아도 생생히 빛나는 영혼일 때, 진정으로 살아 있음의 참된 영광을 얻게 되는 것 아니겠습니까?

제 영혼을 생생하게 하소서. 아름다운 순간들은 남김 없이 영원에 닿고, 상쾌한 고통은 모두 생명을 빛낸다는 믿음으로 제 영혼을 생생하게 하시고, 하느님은 구원의 확실한 빛이시라는 믿음으로 제 영혼을 생생하게 하소서.

또한 뉘우치는 영혼은 결코 죽지 않고, 기도하는 영혼은 결코 무너지지 않는다는 희망으로 제 영혼을 생생하게 하소서.

그리고 진실로 삶이 되고 진실로 구원이 되는 사랑으로 제 영혼을 생생하게 하소서. 아멘.

채우게 하소서

하느님, 제 영혼은 무엇으로 채워져 있는가를 고요히 돌아봅니다. 중요하지도 않는 것들로 채워져 답답함 속에서 자주 불행감에 젖는 저를 불쌍히 여기소서. 중요한 것을 잃고서 다른 무엇들을 아무리 많이 채운다 해도 허전함과 우울함을 결코 떨쳐버릴 수가 없음을 절실히 깨닫게 하시어, 진실로 중요하고 영원한 것으로 채우게 하소서.

자신의 생각이 언제나 옳다고 믿는 삶이나, 자신이 지금껏 펼쳐온 삶의 방식은 버릴 것이 없다고 여기는 삶, 또는 눈에 보이는 것을 가득 채우는 것이 성공한 삶이라고 우긴다면, 결코 그 삶은 아름답지도 거룩하지도 않을 것입니다. 아름답지도 거룩하지도 않는 삶에 무슨 희망이 있겠습니까?

저로 하여금 먼저 지금의 것들을 모두 비우게 하신 다음 새것으로 채우게 하소서. 깨끗이 비워진 영혼의 곳간 그 맨 밑에는 거룩한 기도를 채우게 하시고, 그 위에는 감사하는 마음을 크게 채우게 하소서. 다시 그 위에다 사랑하는 힘을 단단히 채우게 하시고, 맨 위에는 영원한 생명의 빛을 충만히 채우게 하소서. 아멘.

고독하게 하소서

하느님, 그리워하면 고독해지는 법입니까? 그렇다면 저로 하여금 간절히 그리워함으로써 고독하게 하소서. 거룩한 사랑과 거룩한 평화를 간절히 그리워함으로써 거룩히 고독하게 하소서.

고독함은 쓸쓸함이 아니라, 밝고 깊은 삶에 닿는 상쾌한 기도임을 깨닫게 하소서. 또한 고독함은 두려움에 젖는 일이 아니라, 새롭게 희망을 만드는 거룩한 아픔임을 알게 하소서.

이제는 뜻 없이 사람들과 어울려 들뜨는 일을 멀리하게 하시고, 세상일에 마음을 너무 많이 빼앗기지 않게 하시며, 오직 하느님을 간절히 그리워하게 하소서. 거룩한 고독은 결코 홀로가 아니라, 하느님과 더불어 하나 되는 신비한 숨결이요, 우주를 안아 들이는 환희임을 체험하게 하소서.

저로 하여금 진실로 고독하게 하소서. 고독하지 않고서는 생각과 기도가 다시 태어나지 못하고, 따라서 영원의 아침에 이르지 못할 것입니다. 제가 외로이 쓸쓸한 듯 하느님과 더불어 명쾌해 있고, 두려움에 떠는 듯 하느님 안에서 당당히 깨어 있음으로써 거룩히 고독하게 하소서. 아멘.

되게 하소서

하느님, 하느님께서는 저를 어떤 사람이 되게 하시렵니까? 저는 지금 어떤 사람이 되어야 영원한 하느님의 나라에 확실히 들 수 있을까를 생각하고 있습니다.

하느님 앞에서 아름다운 사람이 되게 하소서. 아름답지 않고서는 아름다운 나라에 들 수가 없는 것 아니겠습니까? '너는 참으로 아름답구나!'라는 찬사를 하느님으로부터 듣게 된다면 그보다 더 큰 영광이 어디에 있겠습니까?

자신의 잘못을 산뜻이 인정할 줄 알고, 남의 아름다운 곳을 잘 볼 줄 아는 사람이 되게 하소서. 정성 어린 얼굴로 이웃과 세상을 굽어볼 줄 알고, 작고 하찮다 싶은 것들에도 눈물겨이 감사할 줄 아는 사람이 되게 하시며, 또한 이웃의 상처에다 촛불을 밝힐 줄 알고, 자신을 위해 뜨거이 눈물을 흘릴 줄 아는 사람이 되게 하소서.

그리고 아픔 속에서도 거룩한 꿈을 꿀 줄 아는 사람이 되게 하시어, 마침내는 이 땅에서부터 하느님의 사람이 되게 하소서. 세상의 끝 날에는 영원한 평화의 문을 당당히 열면서 가득히 미소 짓는, 거룩하게 아름다운 사람이 되게 하소서. 아멘.

늙어가게 하소서

하느님, 저로 하여금 아름답게 늙어가게 하소서. 생각 없이 되는 대로 살아가는 노인, 대접받기를 좋아하고 자신을 좀처럼 굽히지 않는 노인, 세월의 허무함을 탄식만 하거나 젊었을 때의 화려했던 한때를 자주 내세우면서 쓸쓸함을 덮으려는 노인, 육체의 건강에만 관심이 있는 노인, 그런 노인으로 늙어가고 싶지 않습니다.

늙음에 대해 너무 초조해하지 않게 하소서. 늙음도 얼마든지 아름다울 수 있음을 깨닫게 하시어 나머지의 삶을 새로이 이루게 하소서. 그리하여 영혼의 젊음을 찾게 하소서.

육체의 주인은 영혼임을 잊지 않으면서, 또한 자신의 경험만을 매우 중요한 것으로 여기지 않고 남의 의견에도 귀를 기울이면서 늙어가게 하소서.

나이가 많음을 슬퍼하지 않으면서, 그렇다고 무슨 벼슬이나 한 것처럼 말하지 않으면서, 또한 삶을 평화 속에서 영원케 하려는 목표를 잠시라도 잊지 않고 하루 하루에다 정성을 다하면서 늙어가게 하소서.

영혼을 구원하는 것은 오직 하느님의 사랑뿐임을 굳게 믿으면서, 또한 자신도 충분히 구원받을 수 있다는 희망 속에서 생생한 영혼으로 늙어가게 하소서. 아멘.

열매 맺게 하소서

하느님, 제 영혼의 나무에 맛있는 열매가 달려 있지 않다면, 그래서 이웃이 맛볼 게 없다면, 저는 무엇으로써 그의 이웃이 되겠습니까?

저로 하여금 열매 맺게 하소서. 하느님께서는 저를 아예 열매 맺지 못하는 영혼으로 창조하시지는 않았을 것이라 믿습니다. 어설프고 볼품 없는 제 영혼에도 열매들을 달아주신다면, 저의 이웃이 그것들을 맛보면서 함께 하늘나라에 닿는 행복을 누리게 되지 않겠습니까?

이웃이 하늘나라의 달콤함을 맛볼 수 있게 제 영혼에 사랑을 열매 맺게 하시고, 이웃이 하늘나라의 평온함을 맛볼 수 있게 제 영혼에 평화를 열매 맺게 하시며, 이웃이 하늘나라의 싱그러움을 맛볼 수 있게 제 영혼에 지혜를 열매 맺게 하소서.

또한 이웃이 하늘나라의 부드러움을 맛볼 수 있게 제 영혼에 미소를 열매 맺게 하시고, 이웃이 하늘나라의 신비를 맛볼 수 있게 제 영혼에 침묵을 열매 맺게 하시며, 이웃이 하늘나라의 생명을 맛볼 수 있게 제 영혼에 빛을 열매 맺게 하소서. 아멘.

바꾸게 하소서

하느님, 저의 생각은 어떤 것입니까? 지금의 생각을 바꾸지 않고 그냥 이어가기만 한다면, 그 끝은 어디가 되겠습니까? 제가 그토록 소망하는 영원의 하늘에 닿을 수가 있겠습니까? 지금껏 편하게만 펼쳐온 생각을 바꾸어야만 새로운 삶의 길이 열리는 것 아니겠습니까?

생각은 곧 믿음이 되어 삶을 결정해주는 것이겠지요! 거룩한 생각은 거룩한 믿음이 되어 거룩한 삶을 이루는 것이겠지요! 제 삶이 답답함 속에서 겉돌면서 기쁨을 누리지 못하는 것은 제가 생각을 바꾸지 않고 있기 때문임을 아프게 깨닫게 하소서.

저로 하여금 생각을 바꾸게 하소서. 자신의 생각과 다른 것은 모두 틀린 것이라는 생각과, 자신은 누구로부터도 대접받아 마땅하다는 생각과, 이웃을 제 맘대로 조종하려는 생각을 바꾸게 하소서. 또한 제가 당한 만큼 갚아주려는 생각과, 자신을 무턱대고 감싸려는 생각과, 자신에게 편리한 것이 곧 진실이라는 생각을 바꾸게 하소서.

그리고 기도 없이 사랑에 닿으려는 생각과, 사랑 없이 행복하려는 생각과, 아픔 없이 영원에 닿으려는 생각을 바꾸게 하소서. 아멘.

믿게 하소서

하느님, 저로 하여금 하느님의 위대하신 권능과 눈물겨운 약속을 굳게 믿게 하소서. 하느님께서는 우주의 만물을 창조하셨음과, 저의 초라한 영혼에도 영원한 생명을 주시기로 하셨음을 의심 없이 믿게 하소서.

하느님을 멀리한 채 저 혼자로는 영혼이 구원되는 기쁨을 결코 누릴 수 없음을 고백합니다. 하느님의 거룩하신 힘을 믿지 않고 고개를 딴 곳으로 돌린다면, 저의 삶은 뭣이 그리 볼 만하겠습니까?

믿음이 희망을 만들고, 다시 희망이 믿음을 깊게 하는 것임을 체험하게 하소서. 믿음의 지혜를 허락하시어 밝음에 찬 삶에 닿게 하시고, 마침내 영원한 사랑의 하늘을 날게 하소서.

믿으면 믿는 대로 되는 것임을 믿게 하소서. 하느님을 믿으며 사는 일은 거룩한 현재를 확실히 이루면서 영원한 삶의 초원으로 나아가는 일임을 믿게 하소서. 하느님의 뜻을 믿고 따르는 일은 이 세상과 하늘의 모든 것을 확실하게 얻는 위대한 일임을 믿게 하소서. 아멘.

나뭇잎 하나에 드러나는 작은 빛에도,
구름 사이로 뻗어 대지를 비추는 햇살 한 줄기에도 설레게 하소서.
맑은 몸으로 높은 골짜기를 흐르다 문득 떨어지며 눈부시게 부서지는 폭포에도,
외로운 듯 상쾌히 떠가는 흰 구름 한 점에도, 쓸쓸해 보이는 길가 꽃 하나에도
설레게 하시고, 영원한 몸짓으로 의연히 흔들리는 푸른 바다에도,
끝없는 소망으로 밝게 흐르는 하늘에도 설레게 하소서.

침묵하게 하소서

하느님, 사람의 말은 삶의 겉이나 일부를 드러내면서 서로를 엉기게 하고 어지럽히는 하찮은 것 아닙니까? 말을 많이 하는 일은 자신에게 깊은 평화가 없음을, 또한 영혼의 힘을 없애는 일임을 의미하는 것 아닙니까?

그렇다면 하느님, 저로 하여금 침묵하게 하소서. 침묵은 생각을 영혼의 깊은 곳에 앉혀서 청결하게 함으로써 말을 새로운 모습으로 태어나게 하는 어머니임을, 또한 말없이 하는 가장 힘 있는 말이요 전체를 밝게 비추어내는 신비한 말임을 알게 하소서.

이웃의 작은 잘못들을 두고서, 저의 작은 불편함과 어려움을 두고서 다만 침묵하게 하시고, 바다의 물고기처럼 싱싱히 튀어오르는 말을 준비하기 위해, 하루를 불평 없이 사랑하기 위해 다만 침묵하게 하소서.

그리고 값싼 말들에 걸려 넘어지지 않기 위해, 시끄러움과 천박함을 깊이 가라앉히기 위해 다만 침묵하게 하시고, 자신을 이기기 위해, 세상과 삶을 넉넉히 평정하기 위해 다만 침묵하게 하소서. 아멘.

닿게 하소서

하느님, 저는 지금 무엇에 닿기 위해 가고 있는 것입니까? 제가 애써 닿으려 하는 곳이 허공이 아니라 분명히 하느님의 사랑의 뜰이기를 바랍니다. 여기저기 기웃거리지 않고 바로 사랑이 되는 기도나 사랑이 되는 아픔, 사랑이 되는 눈물이나 사랑이 되는 미소에 닿게 하소서.

늦가을이면 높게 달린 나뭇잎들이 뿌리를 위해 고향의 대지에 닿듯, 햇살이 퍼지면 안개들이 하늘로 올라 흰 구름에 닿듯, 제 영혼이 그렇게 사랑의 빛에 닿게 하소서. 또한 아름다운 고독이 외롭고도 청결한 소망에 닿듯, 그리워하고 그리워하는 고향이 어느 날 밤 꿈에 와 닿듯 제 영혼이 그렇게 사랑의 빛에 닿게 하소서.

또한 기도하며 산책하는 새벽에 이슬이 몰래 발에 와 닿듯, 들꽃이 깊은 골짜기에서 외로이 하늘을 보다가 햇살을 만나 환하게 꽃을 피우며 하늘에 닿듯 제 영혼이 그렇게 사랑의 빛에 닿게 하소서. 아멘.

기도하게 하소서

하느님, 저의 하루 속에 든 삶이 빠짐없이 기도 속에 담그어져 거룩하게 되기를 바랍니다.

떠오르는 해를 바라보면서는 빛으로 가득 찬 일생을 기도하게 하시고, 햇살을 맞으면서는 부드럽고도 싱그런 영혼으로 하루를 완성할 수 있도록 기도하게 하소서. 저녁놀을 바라보면서는 좋은 꿈을 기도하게 하시고, 떨어지는 꽃잎들을 바라보면서는 영혼이 열매 맺기를 기도하게 하소서.

하늘을 바라보면서는 잠시라도 푸른 희망이 끊어지지 않게 되기를 기도하게 하시고, 눈이 쏟아지는 날에는 하느님의 평화로 근심 없는 날들이 이어지기를 기도하게 하소서.

또한 까닭 없이 슬퍼질 때에는 이미 받은 것만으로도 눈물겹게 감사함을 기도하게 하시고, 지난날이 부끄러울 때는 지금부터 새로이 시작할 수 있게 되기를 기도하게 하소서.

그리고 이웃이 저를 찌를 때에는 용서하는 힘을 펼칠 수 있게 되기를 기도하게 하시고, 죽을 때에는 깨어 있는 영혼으로 하느님을 영원히 뵙게 되기를 기도하게 하소서. 아멘.

깨어 있게 하소서

하느님, 깨어 있는 것만이 진실로 살아 있는 것임을 믿습니다. 어떤 물질로써도 빛낼 수 없는 영혼, 어떤 명예로써도 살려낼 수 없는 영혼, 그 영혼을 오직 하느님만이 깨워 끝없는 아름다움에 닿게 하는 것임을 믿습니다.

저로 하여금 늘 깨어 있게 하소서. 아침에 일어나서는 힘찬 평화의 하루에 깨어 있게 하시고, 길을 가거나 일을 하다가도 자주 고개를 들어 희망의 푸른 하늘에 깨어 있게 하소서. 산책을 하면서는 화해의 맑은 물소리와 찬미의 새소리들에 깨어 있게 하시고, 책을 보거나 생각을 하면서는 진리의 목소리에 깨어 있게 하시며, 잘 때에도 거룩한 꿈에 깨어 있게 하소서.

불평하거나 미워하다가도 화해의 기도에 깨어 있게 하시고, 이웃과 만나서는 청결한 그리움에 깨어 있게 하시며, 아파하다가도 거룩한 소망에 깨어 있게 하소서. 슬퍼하거나 억울해하다가도 은혜로운 사랑에 깨어 있게 하시고, 세상을 떠날 때에는 영원한 빛에 깨어 있게 하소서. 아멘.

흐르게 하소서

하느님, 제 영혼에는 어떤 마음이 흐르고 있는 것입니까? 저에게서는 진정 무엇이 흘러 자신과 이웃과 하느님을 적시고 있는 것입니까? 제 영혼에 아무것도 흐르는 게 없거나 향기 없는 것들만 흐르고 있다면, 저는 하느님께서 바라시는 사람이 결코 되지 못할 것입니다. 제 영혼에 하느님의 사랑이 흐를 때, 비로소 저는 영광의 삶을 얻게 될 것입니다.

메마른 제 영혼의 뜰에 사랑의 촉촉한 봄비가 흐르게 하시고, 헐벗은 제 영혼의 벌판에 사랑의 냇물이 흐르게 하시며, 어둔 제 영혼의 골짜기에 사랑의 거룩한 빛이 흐르게 하소서.

또한 차가운 제 영혼의 겨울에 사랑의 따스한 봄 햇살이 흐르게 하시고, 가난한 제 영혼의 식탁에 사랑의 기름진 기도가 흐르게 하시며, 쓸쓸한 제 영혼의 밤 거리에 사랑의 다정한 별빛이 흐르게 하소서.

그리고 시끄럽고 거짓된 제 영혼의 장터에 사랑과 희망의 노래가 흐르게 하소서. 아멘.

아파하게 하소서

하느님, 제가 들뜬 기쁨이나 사라지고 말 기쁨을 즐기지 않게 하소서. 얕은 기쁨에 길들여져 그것이 마치 기쁨의 전부인 것처럼 생각하지 않게 하소서.

영혼이 빛에 닿으며 깊고 그윽한 세계를 가로지르는 기쁨을 얻기 위해 저로 하여금 먼저 아파하게 하소서. 아픔 없이는 진정한 사랑의 기쁨에 이를 수가 없음을 명심하게 하소서. 아파하는 일이야말로 묵은 삶의 두꺼운 껍질을 깨면서 사랑의 새 세계를 얻는 숭고한 행위임을 깨닫게 하소서.

찬바람에 서걱이는 상한 갈대들과, 길가에서 마구 짓밟히는 풀꽃들을 아파하게 하시고, 밝은 기도가 모자라 밝은 사랑이 되지 못하고, 밝은 사랑이 모자라 밝은 평화를 자주 놓치는 자신을 아파하게 하소서.

또한 말이 덧없이 무성할 뿐, 고요하고도 그윽한 침묵이 모자라는 자신을 아파하게 하시고, 욕심이 걷잡을 수 없이 넘쳐 온전한 삶을 이루지 못하는 자신을 아파하게 하소서.

그리고 미소를 잃고 다만 쓸쓸해 있는 이웃, 길을 발견하지 못해 사뭇 방황하는 이웃을 아파하게 하소서. 아멘.

상속받게 하소서

하느님, 제가 하늘나라를 상속받으려는 것은 제가 공적을 많이 쌓았거나 깊은 사랑의 마음을 지녀서가 결코 아닙니다. 제가 비록 부끄럽기 이를 데 없이 허물 많은 영혼을 지녔지만, 제가 하느님의 자녀라는 이유 하나만으로 감히 손을 벌리고 있습니다.

저의 모든 것을 용서하시어 지금 이 땅에서부터 하늘나라를 저에게 물려주소서. 지금 이 땅에서 거룩한 삶을 얻지 못하면, 저 세상에 가서도 얻지 못할 것이기 때문입니다. 거룩함을 맛들이며 살아온 영혼만이 거룩한 세계로 자연스럽게 이어질 수 있을 것이기 때문입니다.

저에게 잘못한 이들을 끝없이 용서할 수 있도록 너그러움의 평화를 지금 상속받게 하시고, 충만한 사랑을 펼칠 수 있도록 거룩한 지혜를 지닌 생명을 지금 상속받게 하소서. 또한 하늘나라를 마음대로 오갈 수 있도록 걸림이 없는 자유를 지금 상속받게 하시고, 영원한 행복에 이를 수 있도록 죽음을 뛰어넘는 삶을 지금 상속받게 하소서. 아멘.

깨닫게 하소서

하느님, 삶다운 삶은 깨달음에서 나오고, 깨달음을 통해 참된 행복에 닿는 것 아니겠습니까? 제가 만약 깨달음 없이 살아간다면, 저는 멍청히 졸고 있거나 허둥대면서 삶을 그냥 흘려보내고 있는 것 아니겠습니까?

하느님께서는 깨달음이 없는 백 년 아닌, 깨달음이 있는 하루에 삶의 영광을 내려주심을, 저로 하여금 진실로 깨닫게 하소서.

하느님, 저에게 깨달음의 은혜를 내려주소서. 봄은 추운 겨울에서 나오고, 가을은 무더운 여름에서 나옴을 깨닫게 하시고, 빛은 상쾌한 사랑에서 어리고, 겸손은 뜨거운 참회에서 어림을 깨닫게 하소서.

또한 믿음은 지혜로운 용기에서 나오고, 사랑은 거짓 없는 정성에서 나오며, 미소는 맑은 순수에서 나옴을 깨닫게 하시고, 희망은 싱그럽고 간절한 그리움에서 나옴을 깨닫게 하소서.

그리고 아름다운 생명은 거룩한 고통에서 나옴을, 영원은 하느님의 사랑에서 나옴을, 하느님은 겸손한 영혼의 맑은 기도 속에 계심을 깨닫게 하소서. 아멘.

설레게 하소서

하느님, 설렌다는 것은 생생히 사랑하고 있음을 말하는 것 아니겠습니까? 가슴이 뛰면서 신비한 기쁨으로 충만케 되는 일이야말로 사랑하고 있는 사람의 행복, 그것이 아니겠습니까? 저로 하여금 설렐 줄 아는 영혼이 되게 하소서.

나뭇잎 하나에 드러나는 작은 빛에도, 구름 사이로 뻗어 대지를 비추는 햇살 한 줄기에도 설레게 하소서. 맑은 몸으로 높은 골짜기를 흐르다 문득 떨어지며 눈부시게 부서지는 폭포에도, 외로운 듯 상쾌히 떠가는 흰 구름 한 점에도, 쓸쓸해 보이는 길가 꽃 하나에도 설레게 하시고, 영원한 몸짓으로 의연히 흔들리는 푸른 바다에도, 끝없는 소망으로 밝게 흐르는 하늘에도 설레게 하소서.

생명을 향한 그리움으로 타는 촛불과, 영원한 평화를 바라는 기도 소리에도 설레게 하시고, 하느님께 다가가려는 저의 작은 고통에도 설레게 하소서.

그리고 사랑이라는 말, 영원이라는 말을 듣기만 해도, 하느님을 생각만 해도 끝없이 끝없이 설레게 하소서. 아멘.

시작하게 하소서

하느님, 제가 늦었다며 주저앉지 않게 하시고, 힘이 모자란다며 포기하지 않게 하시며, 굳이 애쓸 필요가 있느냐며 외면하지 않게 하시어 삶을 새로이 시작하게 하소서.

시작한다는 것은 새로운 삶을 용기 있게 지어내는 일이요, 성공의 문을 여는 일이 아니겠습니까? 시작하지 않으면 닿을 수가 없는 것 아니겠습니까?

하느님, 은혜로운 일들이 많음을 깨닫게 하시어 놀라면서 기뻐하기를 시작하게 하시고, 사랑해야 할 일들이 많음을 깨닫게 하시어 감사하면서 사랑하기를 시작하게 하소서. 아름다운 것들이 많음을 깨닫게 하시어 새로이 바라보며 눈물 글썽이는 일을 시작하게 하시고, 도와가며 살아야 할 일들이 많음을 깨닫게 하시어 기도하면서 일하기를 시작하게 하소서.

또한 버릴 것이 많음을 깨닫게 하시어 버리면서 설레기를 시작하게 하시고, 어제는 넘어졌지만 오늘은 일어서기를 시작하게 하시며, 저에게도 희망이 살아 있음을 잊지 않게 하시어 미소하면서 꿈꾸기를 시작하게 하소서. 아멘.

두려워하게 하소서

하느님, 제가 오직 하느님을 두려워하게 하소서. 제가 만약 하느님을 두려워하지 않는다면, 저는 하느님과 맞서려는 오만한 마음이 되어 마침내 참담히 불행해질 것이라 생각합니다.

제가 하늘나라에 닿으려는 꿈을 잊지 않도록 '사랑하라, 용서하라' 하신 말씀을 두려워하게 하시고, 높아지려 하면서 불안함에 떨지 않도록 '낮아져라' 하신 말씀을 두려워하게 하시며, 제 뜻대로 어지럽게 살지 않도록 '기도하라' 하신 말씀을 두려워하게 하소서.

제가 가슴 벅찬 희망의 삶 속에서 기쁘게 살 수 있도록 '거듭 나라' 하신 말씀을 두려워하게 하시고, 묵은 것을 깨뜨리면서 새 삶을 만날 수 있도록 '떠나라' 하신 말씀을 두려워하게 하시며, 기쁨의 원천이 다만 하느님께 있음을 잊지 않도록 '찬미하라' 하신 말씀을 두려워하게 하소서.

그리고 온갖 좋은 것을 베풀어주심에 감격할 수 있도록 '감사하라' 하신 말씀을 두려워하게 하시고, 복잡하고도 어둔 삶을 교만하게 펼치지 않고 단순 명쾌하게 살 수 있도록 '가난하라' 하신 말씀을 두려워하게 하시며, 남과는 다르게 아름다울 수 있도록 '거룩하라' 하신 말씀을 두려워하게 하소서. 아멘.

말하게 하소서

하느님, 말은 생각에서 나오는 것 아니겠습니까? 상쾌한 생각에서 상쾌한 말이 우러나오고, 부드럽고도 힘 있는 생각에서 부드럽고 힘 있는 말이 우러나오며, 밝고 거룩한 생각에서 밝고 거룩한 말이 우러나오는 것 아니겠습니까?

용렬한 생각에서 나온 값싼 말로 이웃의 평온한 마음을 흩뜨리지 않게 하시고, 오만한 생각에서 나온 비뚤어진 말로 하느님의 뜻을 거스르지 않게 하소서. 이웃과 함께 기쁨을 누릴 수 있는 생각들을 말하게 하시고, 하느님께서 고개를 끄덕이실 수 있는 생각들을 말하게 하소서.

하느님, 옳은 것은 '옳다', 아름다운 것은 '아름답다'고 말하게 하시고, 거룩한 아픔 속으로 용기 있게 들어가 상쾌히 진실을 말하게 하시며, 참회 속으로 뜨거이 들어가 파열하는 환희를 말하게 하소서.

또한 밝고도 깊은 침묵 속으로 들어가 신비한 미소로 깨달음을 말하게 하시고, 맑고도 고요한 기도 속으로 들어가 그윽한 빛을 말하게 하시며, 빛 속에 머물면서는 영원한 생명을 말하게 하소서. 아멘.

간직하게 하소서

하느님, 제 영혼이 무엇을 간직하고 있는가는 곧 제가 어떤 사람인가를 그대로 보여주는 일 아니겠습니까? 영혼이 아무것도 간직하고 있지 않다면, 저는 아무것도 아닌 사람이 되고, 시끄럽고 현란한 것들만 간직하고 있다면, 저는 드러내기만 하려는 병에 걸린 사람이 될 뿐 아니겠습니까?
 그러나 제 영혼이 안으로 거룩하고 귀한 것을 간직하고 있다면, 비로소 저는 희망이 있는 사람이 되는 것 아니겠습니까?

 제 영혼이 덧없이 사라지는 일이 없도록 거룩하고 귀한 것을 간직하게 하소서. 사랑을 낳는 거룩한 아픔을 간직하게 하시고, 평화를 흐르게 하는 살아 있는 기도를 간직하게 하소서.
 또한 오늘을 맑게 하는 깨끗한 정성과, 내일을 밝게 하는 거룩한 희망을 간직하게 하소서. 그리고 세상과 삶을 부드럽게 하는 순결한 미소를 간직하게 하시며, 기꺼이 죽음을 받아들이는 거룩한 용기를 간직하게 하소서. 아멘.

걸게 하소서

하느님, 제가 삶을 위해 아무것도 걸지 않고서 되는 대로 살아간다면, 저는 정녕 아무것도 이룰 수가 없을 것입니다.
목숨을 온전히 걸어야 새 세계를 얻을 수 있음을 깨닫게 하소서. 망설임 없이, 그리고 아낌 없이 목숨을 걸어야 삶이 빛나면서 영원한 생명의 세계에 닿을 수 있음을 깨닫게 하소서.
목숨을 거는 일은 삶을 거룩하게 구원하는 일임을 잊지 않게 하시고, 흰 구름에서 흰 구름이, 따뜻한 바람에서 따뜻한 바람이 새롭게 태어나듯이 거룩한 삶에서 거룩한 삶이 새롭게 태어나는 것임을 명심하게 하소서.

이슬로 눈을 씻으며 햇살 속으로 끝없이 나아갈 수 있게 순결에다 저의 하루를 온전히 걸게 하소서. 하늘과 땅을 이으면서 끝없이 평화로울 수 있게 기도에다 저의 영혼을 온전히 걸게 하시고, 뒷짐 지고 느긋이 영원의 초원을 거닐 수 있게 사랑에다 저의 일생을 온전히 걸게 하소서. 아멘.

4.

부드러운 마음이 모자라 너무 거칠게 살아온 일들과,
넉넉한 마음이 모자라 너무 메마르게 살아온 일들을 뉘우치게 하시고,
위대한 은혜를 입고도 뜨거이 감사할 줄 모르고
희망에 찬 삶을 받고도 가슴 설렐 줄 모르는 일을 뉘우치게 하소서.

우기지 않게 하소서

하느님, 꽃이 허무한 것이라 우기지 않게 하시고, 삶이 슬프고 덧없는 것이라 우기지 않게 하소서. 다만 저의 생각이 허무하거나 슬프고 덧없는 것일 것입니다. 무엇을 우긴다는 것은, 특히 하느님 앞에서 무엇을 우긴다는 것은 정말 오만함의 잘못을 저지르는 것임을 알게 하소서.
  제가 만약 그치지 않고 우기는 일을 반복한다면, 저는 어떤 영혼을 앞세워 겸손한 사랑의 영원한 나라에 들 수 있겠습니까?

  하느님, 헛된 것을 참된 것이라, 허술한 것을 완전한 것이라 우기지 않게 하시고, 부분을 전체라, 겉을 안이라 우기지 않게 하소서. 또한 보이지 않는다고 아무것도 없다며 우기거나, 모르는 것들은 아예 없는 것이라며 우기지 않게 하소서.
  제가 좋아하고 마음에 드는 것만을 옳고 아름다운 것이라, 또한 제가 싫어하는 것들은 모두 나쁜 것이거나 버려야 하는 것이라 우기지 않게 하소서. 그리고 혼자서는 늘 쓸쓸할 수밖에는 없는 것이라 단정적으로 우기지 않게 하시고, 제 생각이 언제 어디에서나 늘 으뜸이라 오만하게 우기지 않게 하소서. 아멘.

뉘우치게 하소서

하느님, 뉘우칠 줄 모르는 영혼이나, 뉘우칠 거리가 없다는 영혼은 하느님의 밝은 빛을 만날 수가 없는 것 아닙니까? 사람의 삶에는 뉘우칠 일들이 태산처럼 쌓일 터인데, 그것을 하느님께로 옮기지 않고 그대로 둔다면, 삶은 정녕 캄캄한 골짜기에 들 수밖에는 없는 것 아니겠습니까?

뉘우침이란 곧 하느님에게로 돌아오는 일일진대, 귀찮다며 아프다며 그 일을 하지 않고 살아간다면, 하느님께서 주시는 거룩한 평화를 결코 얻을 수 없음을 깊이 깨닫게 하소서.

제 마음속에도 푸른 하늘이 있고 세상 속에도 푸른 하늘이 있음을 볼 줄 모르는 일을 뉘우치게 하시고, 자신의 잘못을 두고도 눈물 흘릴 줄 모르고 이웃의 아픔을 보고도 기도할 줄 모르는 일을 뉘우치게 하소서.

그리고 부드러운 마음이 모자라 너무 거칠게 살아온 일들과, 넉넉한 마음이 모자라 너무 메마르게 살아온 일들을 뉘우치게 하시고, 위대한 은혜를 입고도 뜨거이 감사할 줄 모르고, 희망에 찬 삶을 받고도 가슴 설렐 줄 모르는 일을 뉘우치게 하소서. 아멘.

자유롭게 하소서

하느님, 제가 상쾌하지 못하고 자주 우울한 것은 제 영혼에 자유가 없기 때문이 아니겠습니까? 무엇 때문에 삶을 기쁘게 가로지르지 못하고 하늘을 높이 날지 못하는지 제 자신을 돌아봅니다.

하느님께서 저에게 가장 크고 아름다운 선물로 주신 영혼의 자유를 누리지 않고 있음은 제가 하느님께 크나큰 죄를 저지르고 있는 것이란 생각이 듭니다. 진정 저는 무엇에 홀려 최대의 기쁨인 자유를 누리지 못하는 것입니까? 영혼이 자유롭지 못한 채로 아무리 길게 산다 해도, 그것은 보잘것없는 나날을 보태는 일에 다름이 아니라는 생각이 듭니다. 저를 진실로 자유롭게 하소서.

제가 값없는 체면에 매여, 비열한 시기심 때문에 아파하는 이웃을 위안하지 못하는 못난 제 영혼을 용서하시어 자유롭게 하소서. 또한 미움에 사로잡혀, 헛된 경쟁심에 밀려 이웃을 용서하지 못하는 옹졸한 제 영혼을 어여삐 보시어 자유롭게 하시고, 의심과 두려움에 빠져 삶을 밝게 가누지 못하는 어둔 제 영혼을 불쌍히 여기시어 자유롭게 하소서.

그리고 헛된 탐욕에 걸려 넘어져 번번이 상처를 입는 초라한 제 영혼을 자비로이 돌보시어 자유롭게 하소서. 아멘.

부활하게 하소서

하느님, 제가 부활하지 않으면, 저는 아무 의미가 없는 삶을 막연히 살아갈 뿐이라 생각합니다. 부활하지 않으면 새로움이 없고, 새로움이 없으면 아름답지 못하며, 아름다움이 없으면 영원할 수가 없을 것이라 생각합니다. 부활하려면 먼저 지금의 제가 죽어야겠지요! 죽음을 딛고 서야 부활하는 것이라면, 거룩한 죽음만이 진정한 부활을 가져오는 것이겠지요!

이 땅에서 하느님의 사랑을 통한 부활 체험을 해가는 영혼이라야, 자연스럽게 하늘나라에서 영원한 부활의 삶을 이어갈 것이라 믿습니다.

하느님, 저로 하여금 부활하게 하소서. 하느님으로부터 크나큰 잘못들을 용서받고도 정작 제 이웃은 용서할 줄 모르는 제 영혼을 죽게 하신 다음에 사랑의 따스함을 불어넣어 주시어 부활하게 하시고, 걸핏하면 상처 입는 제 영혼을 죽게 하신 다음에 사랑의 새로움을 채워 주시어 부활하게 하소서. 또한 어둠으로 가득 찬 제 영혼을 죽게 하신 다음에 사랑의 밝음을 내려주시어 부활하게 하시고, 자주 두려움에 떠는 제 영혼을 죽게 하신 다음에 사랑의 당당함을 허락하시어 부활하게 하시며, 자주 우울해하는 제 영혼을 죽게 하신 다음에 사랑의 지혜를 살려주시어 부활하게 하소서. 아멘.

준비하게 하소서

하느님, 제가 오늘 아무것도 준비하지 않으면, 저의 내일은 오늘과 다름없이 묵은 하루로 다가올 뿐이겠지요? 오늘에다 기도와 정성을 바쳐야 새로운 내일을 준비하는 삶이 되는 것이겠지요?
준비하지 않고 훌륭한 무엇을 얻으려는 욕심보다 더 헛된 것은 없을 것입니다. 거룩함을 준비하는 일 자체가 이미 거룩한 삶으로 성공하기 시작하는 것임을 알게 하시어 저로 하여금 지금부터 준비하게 하소서. 준비하는 일은 지금도 결코 늦지 않았음을 기쁘게 깨닫게 하소서.

새로운 삶에 대한 희망으로 상쾌한 아침을 마련함으로써 행복한 하루를 준비하게 하시고, 온 영혼을 기울여 아름다운 하루를 만듦으로써 햇살 어린 나머지 일생을 준비하게 하소서.
그리고 기도와 화해로 사랑의 날개를 마련함으로써 생명이 허공을 넘어 쪽빛 하늘에 닿는 영광을 준비하게 하시고, 피땀 어린 십자가를 기꺼이 받아들여 부활이 깃든 죽음을 준비하게 하소서. 아멘.

용서받게 하소서

하느님, 제가 하느님으로부터 용서받지 못한다면, 저는 그 어디에도 편안히 기댈 곳과 쉴 곳이 없을 것입니다. 많은 잘못들에 눌려 하느님의 도움 없이 스스로는 뚫고 나올 수가 없기 때문입니다.

하느님, 하느님께서는 기도하는 자를 용서한다 하셨지요! 제가 더럽혀진 영혼이 깨끗해지기를 땀 흘려 기도함으로써 용서받게 하소서.

또한 참회하는 자를 용서한다 하셨지요! 제가 헛된 생각에 눌려 삶을 밝게 누리지 못한 일에 눈물 흘림으로써 용서받게 하소서.

또한 용서하는 자를 용서한다 하셨지요! 저를 아프게 하고 슬프게 하는 이웃을 너그러이 풀어줌으로써 제가 용서받게 하소서.

또한 사랑하는 자를 용서한다 하셨지요! 제가 저의 하루 속에 들어 있는 모든 삶을 기쁘게 사랑함으로써 용서받게 하소서.

또한 겸손한 자를 용서한다 하셨지요! 제가 하느님 앞에 여지없이 낮아짐으로써 용서받게 하소서.

그리고 돌아오는 자를 용서한다 하셨지요! 제가 하느님 품에 망설임 없이 안김으로써 용서받게 하소서. 아멘.

듣게 하소서

하느님, 행복과 불행의 차이는 듣고 듣지 못함의 차이가 아니겠습니까? 들을 수 있다는 것이야말로 영혼이 행복하게 살아 있다는 증거가 아니겠습니까?

저로 하여금 들을 수 있게 하소서. 저에게 들을 수 있는 귀를 허락하시되, 다만 하느님의 아름다움이 스며 있는 소리들을 듣게 하소서.

촛불 곁에서는 하늘나라의 빛이 은은히 밀려드는 소리를 듣게 하시고, 꽃 곁에서는 하늘나라의 향기가 그윽히 흐르는 소리를 듣게 하시며, 폭포 앞에서는 하늘나라의 기쁨이 가득히 쏟아지는 소리를 듣게 하소서.

또한 어린아이에게서는 하늘나라의 순결한 웃음소리를 듣게 하시고, 들판에서는 하늘나라의 꽃들이 피어나는 소리를 듣게 하시며, 가난하고 정직한 이웃에게서는 하늘나라의 음성을 듣게 하소서.

그리고 하늘을 바라보면서는 흐드러지는 구원의 종소리를 듣게 하시고, 사랑을 생각하면서는 영원한 생명의 파도 소리를 듣게 하소서. 아멘.

결심하게 하소서

하느님, 제가 무엇을 결심하며 살아가는가를 진지하게 돌아보게 하소서. 삶이 조금이라도 새로워지고 나아지는 일과는 전혀 상관없이 오직 편하게 살기만을 결심하고 있는가, 아니면 진실로 삶의 깊고 아름다운 곳을 가로지르려는 일을 결심하고 있는가를 정직하게 돌아보게 하소서.

저의 삶이 제가 결심한 바 대로 이루어지는 것이라면, 하느님의 뜻에 맞게 결심하게 하소서. 아름답고 거룩한 삶을 위한 마음을 단단히 기울이고 있을 때, 하느님께서는 저의 영혼 위에다 자비의 손을 얹어 주시는 것이겠지요!

제가 기쁨을 얻기 위해 살지 않고 지금 바로 기뻐하면서 살겠다 결심하게 하시고, 사랑에 닿기 위해 살지 않고 지금 바로 사랑하며 살겠다 결심하게 하시며, 행복에 이르기 위해 살지 않고 지금 바로 행복하게 살겠다 결심하게 하소서.

그리고 평화가 이루어지면 감사하면서 살겠노라 하지 않고 지금 바로 모든 것을 감사하며 평화로이 살겠다 결심하게 하시고, 훗날 영원히 살기 위해 살지 않고 지금 하느님 품에 뛰어들어 바로 영원히 살겠다 결심하게 하소서. 아멘.

두려워하지 않게 하소서

하느님, 제가 다만 하느님을 두려워해서 다른 어떤 것들도 두려워하지 않게 하소서. 하느님을 두려워하는 일은 하느님의 권능과 약속을 믿는다는 뜻이 아니겠습니까? 제가 하느님 아닌 다른 많은 것들에 두려움을 느끼는 것은 하느님의 권능과 약속을 바르게 믿지 않고 있기 때문이 아니겠습니까?

하느님, 저로 하여금 하느님의 권능을 두려움 속에서 온전히 믿게 하소서. 그리하여 거저 받은 것들이 조금이라도 축이 날까 두려워하지 않게 하시고, 고유하게 태어난 제가 잘못 평가될까 두려워하지 않게 하시며, 은혜로 받은 하루가 무거운 짐이 될까 두려워하지 않게 하소서.

또한 저로 하여금 하느님의 약속을 두려움 속에서 온전히 믿게 하소서. 그리하여 지금 겪고 있는 고통이 사뭇 이어질까, 부끄러운 과거가 맑은 현재를 무너뜨릴까 두려워하지 않게 하시고, 정성 어린 기도가 헛될까 두려워하지 않게 하시며, 빛에서 이루어진 삶이 어둠에 그칠까 두려워하지 않게 하소서. 아멘.

벗어나게 하소서

하느님, 갇혀서 답답하고 묶여서 날지 못하는 영혼인 채로 무기력하게 살고 있는 저를 불쌍히 여기시어 그 슬픔에서 벗어나게 하소서. 제가 단단히 갇혀 있으면서 사랑을 크게 외친다 해도, 단단히 묶여 있으면서 평화를 아무리 자랑한다 해도 그것은 다 허망한 거짓일 뿐임을 똑똑히 알게 하소서. 사랑과 평화는 온전한 자유일 터인데, 자유 없이는 하늘나라의 삶이 제 안에서 이루어질 리가 없을 터인데, 그 수준 낮은 삶의 틀을 벗어나게 하소서.

저로 하여금 진실로 벗어나게 하소서. 삶을 바르고도 깊이 깨닫게 하시어 어떤 유혹의 올무에서도 벗어나게 하시고, 제 영혼을 하느님의 빛에 닿게 하시어 미움과 원망의 어둔 골짜기에서 벗어나게 하소서.

또한 제 영혼을 하늘 쪽으로 크게 열어주시어 의심의 늪에서 벗어나게 하시며, 구원의 희망을 가슴에 품게 하시어 무력함과 게으름의 수렁에서 벗어나게 하소서.

그리고 이웃을 축복하는 아름다운 마음을 허락하시어 시기심의 안개에서 벗어나게 하시고, 제 영혼에 사랑의 불을 밝혀주시어 죽음의 덫에서 벗어나게 하소서. 아멘.

놀라게 하소서

하느님, 세상에는 놀랄 거리들이 가득한데, 제가 그 어떤 것에도 놀라지 않는다면, 저는 아무런 감동 없이 살아가는 것이 아니겠습니까? 좀처럼 가슴 뜨겁게 놀랄 줄 모르는 영혼이라면, 무엇으로써 살아 있음의 기쁨을 누릴 수 있겠습니까?

눈을 뜨는 영혼이 놀랄 수 있는 것이겠지요! 눈을 떠야 볼 수 있고, 봄으로써 신비한 세계에 놀랄 수 있겠지요! 그렇다면 먼저 제 영혼의 눈을 뜨게 하소서. 그리하여 가득히 놀라게 하소서.

무지개처럼 돋아나는 작은 잎들과, 하늘이 고스란히 담긴 맑은 냇물에 놀라게 하시고, 해가 돋을 때와 질 때 하늘 곱게 물들이는 노을에 놀라게 하소서. 작은 이슬 방울에 우주가 비치고 있고, 작은 풀꽃들이 하늘 닿아 밝아 있음에 놀라게 하시고, 착한 이웃의 말 한마디 듣고도, 가난한 이의 기도 소리 한 줄기 듣고도, 어린아이의 표정 하나 보고도 놀라게 하소서.

또한 저의 하루 속에도 신비한 은혜의 물결이 흐르고 있음에, 저의 죽음 속에도 거룩한 생명이 움트고 있음에 아득히 놀라게 하소서. 아멘.

너그럽게 하소서

하느님, 저를 너그럽게 하소서. 마음이 너그럽지 않고서는 용서할 수도, 화해할 수도 없지 않겠습니까? 따라서 즐거울 수도, 행복할 수도 없지 않겠습니까? 제가 하느님의 자녀로서 구원받았다는 확실한 증거로써 저에게 너그러움을 허락하소서. 너그러움이야말로 하느님의 사랑, 그것이라 믿습니다.

슬픔에 잠긴 이웃이 저에게 다가와 무릎에 얼굴을 묻고 마음껏 울고 갈 수 있도록 저를 너그럽게 하시고, 어둠 속에서 지루해하던 이웃이 제 마음속에 들어와 밝게 뛰어다닐 수 있도록 저를 너그럽게 하소서.

또한 누군가 저의 것을 조금 덜어가거나 저의 결함을 지적한다 해도 고요히 웃을 수 있도록 저를 너그럽게 하시고, 이웃이 기뻐할 때 배 아파하거나, 이웃이 어려움을 당할 때 은근히 기뻐하는 병든 마음이 일지 않도록 저를 너그럽게 하소서.

그리고 저에게 어려움이 조금 따른다고 이웃에게 화를 내거나 제 뜻대로 되지 않는다고 이웃을 원망하는 일이 없도록 저를 너그럽게 하시고, 소망을 기도하고 나서 금방 이루어지지 않는다고 불만을 품거나 삶이 너무 무겁다며 포기하는 일이 없도록 저를 너그럽게 하소서. 아멘.

거닐게 하소서

하느님, 제 영혼은 하늘나라를 거닐지 않고 어디를 서성이고 있는 것입니까? 목표를 잃고 방향 감각도 없이 다만 헤매고만 있는 것은 아닌지요? 제가 만약 그렇게 허무한 모습을 짓고 있을 뿐이라면, 저는 이제라도 새로운 영혼의 터전을 마련해야만 할 것입니다. 그렇지 않고서는 하늘나라를 거닐 수가 없고, 따라서 하느님의 사람이 되는 행복을 얻지 못할 것이기 때문입니다.

하느님, 저로 하여금 하늘나라를 거닐게 하소서. 빛나는 물결이 조용히 밀려오고 고향의 밝은 소리들이 은은히 들려오는 그리움의 바닷가를 거닐게 하시고, 햇살이 부드럽게 내리고 흰 뭉게구름이 가슴 벅차게 퍼지는 사랑의 언덕을 거닐게 하소서.
아이들이 끝없이 달리고 맑은 바람이 쉼 없이 흐르는 희망의 지평선을 거닐게 하시고, 가난한 영혼들이 맑게 기도하는 소리가 들리고 꿈을 지닌 이들이 서로를 축복하는 속삭임이 들리는 화해의 개울가를 거닐게 하소서. 그리고 빛의 향기가 어린 그늘이 차 있고 찬미의 바람 소리와 물소리들이 가득한 평화의 숲 속을 거닐게 하소서. 아멘.

머물게 하소서

하느님, 제 영혼은 어디에 머물면서 무엇을 지어내는 것입니까? 덧없는 생각과 시끄러운 놀이에 머물면서 기껏 허무한 삶을 드러내고 있는 것은 아닙니까?

영혼이 거룩한 곳에 머물면서 안으로 거룩한 삶을 이루어갈 때, 비로소 삶이 성공하는 것이겠지요! 저로 하여금 하늘나라에 머물게 하소서.

세상이 흔들리는 시끄러움 속에서도 하늘의 빛이 살아 있는 고요함에 머물게 하시고, 절망이 될 수 있는 가난함 속에서도 하늘을 얻을 수 있는 희망에 머물게 하시며, 세월을 이기지 못해 얻은 늙음 속에서도 영혼만은 꿈을 푸르게 간직한 젊음에 머물게 하소서.

찬바람이 맴도는 겨울 속에서도 영혼은 사랑의 햇살이 따스한 오월에 머물게 하시고, 저마다 삶을 자랑스럽게 드러내는 말들 속에서도 제 영혼은 오직 하느님의 진리가 빛나는 침묵에 머물게 하시며, 하찮다 싶은 것을 기도하는 순간 속에서도 신비한 기쁨의 세계에 머물게 하소서. 아멘.

5.

바람 찬 날에는 하느님께서 내려주시는 은혜의 따스함을 생각하게 하시어
저를 평화롭게 하시고, 시끄러움으로 들뜨는 날에는 하느님께서 약속하신
영원한 삶을 경건히 떠올리게 하시어 저를 평화롭게 하시며,
미움이나 탐욕이 들끓는 날에는 하느님 안에서 자유로운 영혼만이
진실로 기쁠 수 있음을 상쾌히 깨닫게 하시어 저를 평화롭게 하소서.

감사하게 하소서

하느님, 제가 아무리 부지런히 사랑한다 해도, 아무리 많은 것을 베푼다 해도, 또 아무리 크게 희생한다 해도 제 안에 감사하는 마음이 없다면, 진정한 행복에는 어림없이 미치지 못할 것이라 생각합니다. 감사하는 마음이 진정한 사랑과 진실한 베풂과 거룩한 희생을 낳는 것 아니겠습니까? 저로 하여금 먼저 뜨거이 감사하게 하소서.

깨어 하늘을 바라볼 수 있고, 새 생명을 그리워할 수 있으며, 아름다움과 거룩함을 기도할 수 있음에 감사하게 하소서. 세상과 하늘을 함께 사랑할 수 있고, 영혼을 맑게 하는 깨끗한 추억 몇 자락을 품고 있으며, 이웃을 위해 작은 촛불을 켤 수 있음에 감사하게 하소서.

그리고 믿음을 다질 수 있는 알맞은 어려움을 얻고 있고, 하느님과의 거룩한 만남을 꿈꾸고 있으며, 온갖 좋은 것들을 받고 있음에 끝없이 감사하게 하소서. 아멘.

되찾게 하소서

하느님, 제 영혼이 잃었던 것들을 되찾지 않으면, 저의 삶은 한갓 헛된 장난으로 이어질 뿐일 것입니다. 영혼이 싱그런 숨결과 부드런 향기를 잃고 있다면, 그것은 황폐한 들판의 무서운 모습을 드러내고 있을 뿐일 것입니다. 저로 하여금 포기하지 않게 하시어 반드시 되찾게 하소서.

하늘을 고스란히 비추어내던 어릴 적 맑고도 푸른 눈빛, 세상 사람들을 푸근히 위안해주던 어릴 적 곱고도 부드러운 미소, 그 깨끗한 평화를 간절히 기도함으로써 꼭 되찾게 하소서. 아이들과 걱정 없이 달리다 함께 마음을 모아서 온몸으로 부르던 어릴 적 노래, 그 순결한 삶을 간절히 꿈꿈으로써 꼭 되찾게 하소서.
또한 삶을 바르게 하는 정의에 힘 있게 다가가던 젊은 날의 용기, 새 삶에 닿기 위해 싱그런 모험을 겁 없이 펼치던 젊은 날의 패기, 그 장하던 삶을 간절히 그리워함으로써 꼭 되찾게 하소서. 아멘.

생각하게 하소서

하느님, 제가 생각하고 있는 세계가 저를 결정해주는 가장 정확한 것입니까? 제가 늘 의미 없는 세계를 생각하고 있다면 저는 보잘것없는 사람이 될 뿐이지만, 늘 하느님의 세계를 생각한다면 저는 곧 하늘나라의 행복을 누리는 사람이 되는 것이겠지요?

그렇다면 하느님, 저로 하여금 늘 하느님의 세계를 생각하게 하소서.

잠에서 깨자마자 너그러움으로 가득한 하루를 생각하게 하시고, 이웃을 만날 적마다 '사랑하라'는 말씀을 생각하게 하시며, 차를 마실 적마다 산책을 할 적마다 천천히 기도하며 사는 삶을 생각하게 하소서.

열등감에 우울히 젖을 때에는 하느님께서 주신 고유한 아름다움의 자신을 생각하게 하시고, 혼자라는 느낌으로 쓸쓸할 때는 모든 것을 주시는 하느님의 은혜를 생각하게 하시며, 어려움을 만날 때에는 삶의 목표인 영원한 행복을 진지하게 생각하게 하소서. 그리고 삶이 허무하다는 느낌이 들 때에는 사랑의 위대함을 생각하게 하시고, 죽고 싶은 마음이 들 때에는 십자가의 빛나는 승리를 생각하게 하소서. 아멘.

충만하게 하소서

하느님, 제 영혼은 무엇으로 충만해 있는 것입니까? 거짓된 생각, 어둡고 복잡한 생각 속에서 삶의 갈피를 잡지 못하고 있는 것은 아닌지요? 진정 저는 무엇을 채워놓고서 그것을 보배인 양 뽐내고 있는 것입니까? 무더운 탐욕과 얼마간의 지식, 알량한 명예로써 삶의 중요한 것을 채운 것처럼 행세하거나, 보잘것없는 사랑과 겉치레의 얼굴로써 용서와 화해를 다만 흉내내면서 모양을 낼 뿐이라면, 저는 정말로 소중한 생애를 헛되이 보내고 있을 뿐일 것입니다.

하느님, 제 영혼이 하느님께 이르러 하느님의 평화를 누리는 기쁨으로 충만하게 하소서. 제 영혼이 하느님의 은혜를 감사하면서 생명의 빛을 바라는 기도로 충만하게 하시고, 제 영혼이 하느님을 품은 침묵으로, 진리를 깨달은 침묵으로 충만하게 하소서.

또한 제 영혼이 하늘나라의 풍경이 은은히 비치는 눈빛으로, 하느님의 빛 속에다 이웃을 깨우는 음성으로 충만하게 하시고, 제 영혼이 거룩한 햇살을 일구는 사랑으로, 멀고 먼 영원에 닿는 희망으로 충만하게 하소서. 아멘.

체험하게 하소서

하느님, 신앙이란, 하느님을 만나 신비한 사랑과 감격스런 평화를 체험하는 일이 아니겠습니까? 그 체험이야말로 영혼을 살아 있게 하면서 영원의 빛을 쬐게 하는 일, 그것이 아니겠습니까?

신앙이 희미하다거나 아득히 멀어져 있다는 느낌이 드는 것은 하느님을 만나는 거룩한 체험이 저에게 없기 때문일 것입니다. 또렷한 체험이 확실한 믿음과 선명한 희망을 불러오면서 구원에 이르는 영광을 입게 하는 것임을 믿고자 합니다. 온몸과 온 영혼을 바쳐서 하느님을 체험하게 하소서.

작은 풀잎의 흔들림 앞에서 위대한 기운을 체험하게 하시고, 희부연 안개 속에 숨어 있는 숭고한 햇살을 체험하게 하소서. 간절한 목소리로 동요를 부르면서 어릴 적의 티 없이 맑은 마음을 체험하게 하시고, 뜨거운 참회의 눈물 속에서 밝은 평화의 빛을 체험하게 하시며, 어리석어 보이는 짓들 속에서 지혜로운 사랑을 체험하게 하소서.

또한 정성을 기울인 하루 속에는 백 년보다 값있는 삶이 밝아 있음을, 십자가의 비참함 속에는 영원한 부활이 빛나고 있음을 체험하게 하소서. 아멘.

노래하게 하소서

하느님, 저는 어떤 음성으로 무엇을 노래하면서 자신과 이웃을 기쁘게 하는 것입니까? 진정 어떤 노래로써 세상의 아름다움을 돕기 위해 자신을 바치는 것입니까? 음흉하고 거친 음성으로 세상에다 기껏 시끄러움을 보태고 있을 뿐이라면, 저는 정말 쓸모없는 사람으로 살고 있을 뿐일 것입니다.

마른 대지에서 떨고 있는 풀잎들을 달래는 비를 바라보게 하시어, 저의 메마른 영혼을 적시는 하느님의 신비한 단비를 노래하게 하소서. 작고 고독한 영혼이 사랑을 낳는 아픔을 떠올리게 하시어, 간절한 그리움이 사랑이 되고 그 사랑이 크나큰 희망이 되는 기쁨을 노래하게 하소서.

밝은 기도로써 하늘의 삶을 깨닫게 하시어, 어제의 희미한 추억보다 오늘의 또렷한 사랑과 내일의 약속된 생명을 노래하게 하소서. 그리고 아름다운 이쪽 언덕을 기쁨으로 단단히 딛고 서야, 아름다운 저쪽 언덕을 향해 뛸 수 있는 것임을 노래하게 하소서.

저의 작은 노래들이 세상을 조금씩 밝히는 일을 쉬지 않게 하시어, 마침내 하늘나라까지 밝히게 하소서. 아멘.

낮아지게 하소서

하느님, 제 영혼이 낮아지기만 하면 온갖 신비한 기쁨을 만날 수 있는 것 아닙니까? 제가 기쁨 없이 삶을 겉돌리고 있는 것은 제 영혼이 높은 곳에서 내려오지 않고 있기 때문 아닙니까? 고상한 척, 아름다운 척, 때로는 거룩한 척하면서 자신과 하느님을 속이려 하고 있기 때문 아닙니까?

하느님, 하느님께서는 '높아지려면 단연코 낮아져라' 하셨지요! 낮아져서 편안하고, 낮아져서 자유로운 삶에 진정한 희망이 있는 것이라 하셨지요! 낮아지고 낮아져서 보이는 사랑의 하늘에는 어질고도 거룩한 빛이 가득함을 믿고 싶습니다.

저로 하여금 사정없이 낮아지게 하소서. 끝없이 낮은 평화의 초원에 닿도록 저를 가물히 보이지 않을 때까지 낮아지게 하소서. 보잘것없이 작지만 하늘을 온전히 담아내는 풀꽃 하나로 낮아지게 하시고, 머지않아 꽃 피고 열매 맺을 작은 싹 하나로 낮아지게 하시며, 언젠가는 바다에 이르게 될 골짜기의 작은 냇물 한 자락으로 낮아지게 하소서. 아멘.

뛰어넘게 하소서

하느님, 제 영혼이 장애물들을 뛰어넘지 못해 음습한 곳에서 시들어가고 병들어가고 있는 듯 답답하고 슬픕니다. 제 영혼에 힘을 불어넣어 주소서. 그리고 많은 것을 뛰어넘게 하소서.

얄팍한 체면의 늪을 뛰어넘게 하시어 진실의 언덕을 오르게 하시고, 무더운 이기심의 골짜기를 뛰어넘게 하시어 사랑의 하늘을 날게 하소서. 값싼 허영심의 거리를 뛰어넘게 하시어 진리의 초원을 거닐게 하시고, 자신을 상하게 하는 미움의 방을 뛰어넘게 하시어 화해의 뜰에 이르게 하시며, 검은 시기심의 먹구름을 뛰어넘게 하시어 상쾌한 자유의 푸른 하늘에 닿게 하소서.

거짓된 경쟁의 파도를 뛰어넘게 하시어 순수의 수평선을 따라 흐르게 하시고, 어둔 의심의 밤을 뛰어넘게 하시어 밝은 믿음의 새벽을 만나게 하소서. 그리고 결코 행복이 아닌 것을 행복이라 주장하는 비천한 삶을 뛰어넘게 하시어 진정한 깨달음의 문을 열게 하소서. 아멘.

어울리게 하소서

하느님, 저의 생각과 말과 행위가 모두 하느님의 세계에 어울리게 하소서. 저의 삶이 하느님의 세계에 어울리지 않는다면, 저는 하느님과는 아무런 상관이 없는 채 매우 초라한 삶을 이루게 될 뿐일 것입니다.
거룩한 어울림만이 거룩한 삶을 낳는 것이라 믿습니다.

제가 삶을 말하는 일이나, 삶을 사랑하는 일이나, 삶을 진지하게 생각하는 일들이 곧 하느님의 진리에 어울리게 하소서. 제가 불편함을 참는 일이나, 뉘우침을 뜨겁게 하는 일이나, 이웃을 용서하는 일이 곧 하느님의 사랑에 어울리게 하시고, 기쁨을 무르익히고 영원을 꿈꾸는 일이 곧 하느님의 평화에 어울리게 하소서.
또한 숨어 있는 아름다운 삶을 예감하는 일이나, 행복한 삶을 기도하는 일이 곧 하느님의 바라심에 어울리게 하시고, 죽음을 품위 있게 이루려 하는 일이 곧 하느님의 뜻에 어울리게 하소서. 아멘.

부끄러워하게 하소서

하느님, 뻔뻔스러운 저를 용서하시어 부끄러워하게 하소서. 뻔뻔스러움이 줄어들면서 부끄러워하는 만큼 하느님께 가까이 다가가게 되리라 생각합니다. 저는 부끄러워할 줄 아는 영혼의 사람으로 조금씩 새로워지고 싶습니다. 부끄러움의 강을 부지런히 건너 언젠가는 떳떳한 영혼의 사람이 되고 싶습니다.

눈 뜨고도 자신의 아름다운 하루를 보지 못하고, 많은 것을 받고도 더 바라는 미련한 그 어리석음을 부끄러워하게 하소서. 눈물이 모자라서 영혼이 맑지 못하고, 아픔이 모자라서 사랑을 키우지 못하며, 기도가 모자라서 평화를 얻지 못하는 그 어둠을 부끄러워하게 하소서.

빛 속에 서 있으면서 안으로 어둠을 안고 있고, 육체를 빛내는 일에만 목숨을 걸며, 이웃과 선뜻 화해하지 못하는 그 비천함을 부끄러워하게 하소서. 그리고 버린다면서 움켜쥐고 있고, 떠난다면서 그대로 눌러 앉아 있으며, 삶을 사랑으로 깨닫지 못한 채 다른 것들로 복잡하게 꿰매려는 그 거짓됨을 부끄러워하게 하소서. 아멘.

평화롭게 하소서

하느님, 제 영혼에 평화가 없다면, 그래서 삶이 허무감 속에서 시들고 있고 거짓됨 속에서 병들고 있다면, 살아 있다는 것이 무슨 의미가 있겠습니까? 제가 돈을 모아 기껏 모양 내는 일에, 지식을 쌓아 기껏 복잡함과 시끄러움을 지어내는 일에, 명예를 얻어 기껏 이름 드러내는 일에 분주할 뿐이라면, 어찌 제가 그 삶을 하느님 앞에다 자랑스레 펴놓을 수가 있겠습니까?

바람 찬 날에는 하느님께서 내려주시는 은혜의 따스함을 생각하게 하시어 저를 평화롭게 하시고, 시끄러움으로 들뜨는 날에는 하느님께서 약속하신 영원한 삶을 경건히 떠올리게 하시어 저를 평화롭게 하시며, 미움이나 탐욕이 들끓는 날에는 하느님 안에서 자유로운 영혼만이 진실로 기쁠 수 있음을 상쾌히 깨닫게 하시어 저를 평화롭게 하소서.

지루함 속에서 멍청해지는 날에는 삶을 구원하는 사랑을 기도하게 하시어 저를 평화롭게 하시고, 상처가 돋아 아픈 날에는 거룩한 희망으로 자신을 너그러이 위안하게 하시어 저를 평화롭게 하시며, 삶의 목적을 잃어 막막한 날에는 하느님의 자비로우심을 의심 없이 믿게 하시어 저를 평화롭게 하소서. 아멘.

떠나게 하소서

하느님, 제가 새 집을 얻으려면 묵은 집을 반드시 떠나야 하는 것입니까? 새로운 뜰에 이르러 새 풍경의 아름다움을 보려면, 지금의 황폐한 집을 떠나야 하는 것입니까?

떠나지 않고 사뭇 눌러 앉아 있기만 한다면, 저는 새로움으로 영원해 있는 나라를 결코 만날 수가 없을 것이라 생각합니다.

저로 하여금 결연히 떠나게 하소서. 겸손의 맑은 냇가에 닿도록 오만의 화려한 궁전을 떠나게 하시고, 순결의 아름다운 초원을 거닐 수 있도록 탐욕의 캄캄한 늪을 떠나게 하시며, 감사함의 눈물겨운 언덕에 이를 수 있도록 불만의 검은 골짜기를 떠나게 하소서.

진실의 밝은 강가를 산책할 수 있도록 거짓의 어지러운 장터를 떠나게 하시고, 사랑의 따뜻한 고향에 들 수 있도록 미움의 황량한 거리를 떠나게 하시며, 평화의 커다란 숲을 만나도록 불안의 외나무다리를 떠나게 하소서.

그리고 사랑의 기도로 사랑의 하느님께 안길 수 있도록 빤질히 때 묻은 기도를 떠나게 하소서. 아멘.

사랑하게 하소서

하느님, 산다는 것은 진정 사랑하는 일 아닙니까? 사랑하지 않으면 곧 사는 일을 버린 것이나 다름이 없는 것 아닙니까? 자신을 사랑하고 나아가 이웃을 사랑하는 일이 곧 하느님을 사랑하는 일이 되면서 진실로 살아가는 기쁨에 닿는 일 아닙니까?

저로 하여금 진실로 사랑하게 하소서. 사랑한다는 것은, 눈물겹게 사랑한다는 것은 세상을 다 얻는 일이요 하늘까지 차지하는 숭고한 일임을 잊지 않고자 합니다.

비록 뒤뚱거릴지라도 하느님께 조금씩 다가가려고 하고, 비록 미약하더라도 조금씩 새로워지려는 자신을 사랑하게 하시고, 아직은 싹이 어리지만 평화의 열매가 무르익기를 쉼 없이 기도하고 있고, 자주 어둔 마음에 빠져 슬픔을 만나기도 하지만 하늘에 닿는 꿈을 놓치지 않으려는 자신을 사랑하게 하소서.

또한 제 마음에 들지 않더라도, 저를 채워주지 않더라도 '서로 사랑하여라' 하신 분부를 기억하게 하시어 정성껏 이웃을 사랑하게 하시고, 싹이 터서 꽃이 피고 열매 맺는 자연의 위대하고도 신비한 질서를 사랑하게 하시며, 모든 것을 아낌없이 베풀어주시는 하느님을 끝없이 끝없이 사랑하게 하소서. 아멘.

쉬게 하소서

하느님, 저는 무엇에 쫓겨 쉬지도 못하고 초조해하는 것입니까? 제가 불러들인 어지러운 탐욕에 스스로 쫓기면서 괴롭힘을 당하는 것입니까? 편히 쉬지 못한 채로 삶이 저물어갈 뿐이라면, 저는 어디에 가서 영원한 안식을 얻을 수 있겠습니까?

저에게 쉼의 행복을 허락하소서. 거룩한 쉼 속에 거룩한 삶이 있음을 체험하게 하소서.

대지를 날아올라 하늘을 자유롭게 흐르는 흰 구름을 바라보면서 쾌적히 쉬게 하시고, 푸르고도 깊은 삶을 조용히 보여주는 강물을 바라보면서 의연히 쉬게 하시며, 들꽃 향기가 가득한 들판을 거닐면서 그윽히 쉬게 하소서.

수없이 잘못을 저지르는 자신과 이웃을 용서하면서 너그러이 쉬게 하시고, 저의 고약한 행실대로 갚아주시지 않고 분에 넘치게도 베풀어주시는 하느님의 사랑을 감사하면서 가슴 벅찬 기쁨으로 쉬게 하소서.

그리고 영원한 생명을 그리워하면서, 저의 작은 영혼도 구원받을 수 있다는 희망에 설레면서 생생한 기쁨으로 쉬게 하시고, 사랑하는 힘과 지혜를 얻고자 기도하면서, 쉼 없이 새로워지려는 자신을 위해 기도하면서 거룩히 쉬게 하소서. 아멘.

6.

소망이 하늘에 밝게 닿을 수 있도록 저의 기도를 새롭게 하시고,
고요함 속에서 하느님의 진리를 깨달을 수 있도록
저의 침묵을 새롭게 하시며,
삶의 희망을 기쁘게 드러낼 수 있도록 저의 노래를 새롭게 하소서.

거룩하게 하소서

하느님, 거룩하다는 것은 새롭게 아름답고, 다르게 고귀하다는 뜻이 아니겠습니까? 하느님이 그렇게 거룩하시듯 저의 영혼도 그렇게 거룩하게 하소서. 거룩하지 않고서는 거룩한 나라에 들 수 없는 것이라 생각합니다.

하느님의 거룩함이야말로 빛나는 사랑이요 끝없는 평화임을 믿습니다. 또한 제 영혼을 새로이 아름답게 하고 달리 고귀하게 하는 은혜임을 믿습니다.

진실로 행복하게 살아 있다는 참된 기쁨을 이어갈 수 있도록 저의 생각을 거룩하게 하시고, 자신과 이웃을 상쾌하게 깨울 수 있도록 저의 말을 거룩하게 하시며, 하느님의 신비한 향기를 은은히 풍길 수 있도록 저의 침묵을 거룩하게 하소서.

세상을 부드럽게 안아 들이면서 하늘나라를 밝힐 수 있도록 저의 미소를 거룩하게 하시고, 이 땅에서부터 하늘나라의 삶을 찬미할 수 있도록 저의 노래를 거룩하게 하시며, 하느님의 뜻에 밝게 닿을 수 있도록 저의 기도를 거룩하게 하소서.

그리고 하느님과 함께 빛 속에서 영원할 수 있도록 저의 죽음을 거룩하게 하소서. 아멘.

꿈꾸게 하소서

하느님, 꿈꾸는 사람만이 꿈을 이룰 수 있는 것이겠지요! 저는 땅과 하늘을 잇는 사랑, 삶의 시작이요 영원이 되는 사랑을 꿈꾸고 싶습니다.

하느님께서 저에게 영혼을 불어넣어 주신 것은 영혼으로 하여금 사랑을 꿈꾸도록 하신 것일진대, 제가 그 일을 버려두거나 거역하는 것은 크나큰 잘못을 저지르는 일이 아닐까 싶습니다. 사랑을 꿈꾸는 영혼은 슬픔이나 억울함 따위의 근심을 물리치면서, 꿈을 이룰 수 있는 거룩한 희망 속에서 신비한 기쁨을 만나게 되는 것이겠지요!

하느님, 진실로 사랑을 꿈꾸게 하소서. 어둔 제 영혼을 밝히고 고단한 이웃을 따뜻이 비추는 그 사랑을 꿈꾸게 하시고, 찌든 제 영혼을 위안해주고 두려움에 떨고 있는 이웃을 깨우는 그 사랑을 꿈꾸게 하소서.

또한 들뜬 제 영혼을 고요함 속에다 잠재우는 그 사랑, 하늘을 바라보지 못하는 이웃을 눈 뜨게 하는 그 사랑을 꿈꾸게 하시고, 마침내 제 영혼이 부끄런 허물들을 훌훌 벗으며 이웃과 함께 한 자락 하늘이 되는 영광을 꿈꾸게 하소서. 아멘.

갈아엎게 하소서

　하느님, 지금의 제 영혼으로서는 삶이 황무지로 무너지지나 않을까 몹시 두렵습니다. 주저함 없이 어지러운 제 영혼을 갈아엎게 하소서.
　자신을 바꾸는 데 따르는 아픔이 두려워서, 새로이 시작하는 일이 번거로워서, 이제 고쳐서 무엇하겠느냐며 갈아엎는 일을 하지 않는다면, 저는 하느님의 자녀가 되는 영광에 이르지 못하게 되는 것 아니겠습니까?

　하느님, 저로 하여금 영혼을 갈아엎게 하소서. 불만의 잡초들이 우거진 영혼을 위대한 꿈으로써 무참히 갈아엎게 하소서. 기쁨의 꽃들을 무성히 피우고 싶습니다.
　탐욕의 흐린 물이 가득 고인 영혼을 거룩한 그리움으로써 사정없이 갈아엎게 하소서. 순수의 새 물길을 틔우고 싶습니다.
　헛된 소망의 쓰레기들이 널려 있는 영혼을 하늘 밝히는 희망으로써 여지없이 갈아엎게 하소서. 생명의 햇살을 가득히 담고 싶습니다.
　묵은 생각으로 단단히 굳어 있는 영혼을 아름답고 거룩한 기도로써 깊이 깊이 갈아엎게 하소서. 날마다 하느님을 만나고 싶습니다. 아멘.

용기 있게 하소서

하느님, 제 영혼에 신성한 용기를 불어넣어 주시어 저의 삶을 비굴함이 없는 쾌적한 삶으로 이끌어가게 하소서. 무기력하게 망설이기만 하거나 어느 것이 편할까를 재기만 하는 일로써는 삶이 결코 아름다워지거나 거룩해지지 않을 것입니다.

용기 있는 영혼만이 하느님을 만날 것이고, 용기 있는 삶만이 하늘나라의 삶을 얻을 것입니다. 자신을 새로이 바꾸는 일에 용기 있게 하소서.

못마땅한 이웃과 손잡으며 화해하는 일에, 자신의 잘못들을 정직하게 고백하는 일에 용기 있게 하시고, 감사함을 드러내는 일에, 소망을 밝게 기도하는 일에 용기 있게 하소서.

또한 저의 하루 속에다 내려주신 십자가의 삶을 피하지 않고 기꺼이 지는 일에, 아닌 것은 '아니오'라고 말하는 일에 용기 있게 하소서.

그리고 얕고 덧없는 기쁨보다 거룩한 아픔을 택하는 일에, 죽음을 하느님 안에서 받아들이는 일에 용기 있게 하시고, 영원한 삶을 찬미하는 일에 용기 있게 하소서. 아멘.

눈물짓게 하소서

하느님, 제가 어떤 것에도 다만 냉랭히 반응할 뿐이라면, 저의 영혼은 싸늘히 식어 있는 것이 아니겠습니까? 자주 눈물을 흘려서 메마른 영혼을 적셔야만 진실로 살아 있음의 환희를 맛볼 수 있는 것 아니겠습니까? 눈물이 영혼을 위안하고 깨끗하게 함으로써 희망에 찬 삶을 밝히는 것 아니겠습니까?

하느님, 저로 하여금 자주 눈물짓게 하소서. 이웃과의 만남을 섬세하게 다루지 못했던 일과, 이웃을 너그럽게 감싸지 못했던 일과, 무엇이든 고집하면 그것이 진리나 되는 것처럼 생각했던 일들을 참으로 부끄러워하면서 눈물짓게 하소서.

그리고 한밤에 깨어도 기도할 수 있음과, 하느님으로부터 끝없이 용서받고 있음과, 보잘것없는 영혼에도 하느님의 사랑이 밀려와 거룩한 기쁨의 둥지를 틀고 있음에 감격하면서 눈물짓게 하소서.

또한 사랑은 단순하고도 명쾌한 것임과, 희망은 기도하는 영혼에만 살아 있음과, 하느님께서 주시는 평화는 전혀 흔들리지 않음을 체험하면서 눈물짓게 하소서. 아멘.

존재하게 하소서

하느님, 사람이 존재한다는 것은 어떤 경우에서도 변함없이 빛나는 영혼으로 살아 있음을 의미하는 것이라 해석해도 되겠지요!

저로 하여금 존재하게 하소서. 제 영혼을 아름답게 이루어주시어 아름다운 사람으로 존재하게 하소서. 저에게서 돈과 명예와 지식이 다 없어진다 해도 사람의 아름다움은 그대로 존재하게 하소서.

시간이 흘러도 사랑의 빛이 바래지 않는 영혼으로, 누구를 만나더라도 상쾌한 마음을 일구어주는 드맑은 영혼으로 존재하게 하소서. 또한 누군가 흔들어도 일그러지지 않는 평화의 영혼으로, 이웃이 저를 깎아내려도 희미해지지 않는 또렷한 영혼으로 존재하게 하시고, 어디에 두어도 물들지 않는 신성한 영혼으로 존재하게 하소서.

그리고 비교하지 않고도 얼마든지 만족할 줄 아는 지혜로운 영혼으로, 삶과 죽음의 경계를 뛰어넘으면서 자유를 누리는 거룩한 영혼으로 존재하게 하소서. 아멘.

아름답게 하소서

하느님, 아름답다는 것은 곧 새롭다는 뜻이겠지요! 사람이 아름답다는 것은 영혼이 새로움을 드러내어 자신과 이웃을 상쾌하게 하면서 하느님을 감동케 하는 모습이겠지요!

영혼을 새롭게 씻어내면서 삶을 새롭게 지어내는 일이야말로 아름다운 사람이 하늘나라를 거니는 일이 아니겠습니까? 제 영혼을 아름답게 하소서. 아름다운 영혼만이 하늘에 닿는 것임을 믿습니다.

하느님, 이웃을 위안할 수 있게 저의 미소를 아름답게 하시고, 이웃을 밝게 깨울 수 있게 저의 목소리를 아름답게 하시며, 이웃이 하느님의 사랑을 꿈꿀 수 있게 저의 침묵과 말을 아름답게 하소서.

또한 제가 하늘을 날 수 있도록 저의 기도를 아름답게 하시고, 좋은 일생을 마련하도록 저의 하루들을 아름답게 하시며, 거룩한 마무리를 할 수 있도록 저의 늙음을 아름답게 하소서.

그리고 제 영혼이 영원할 수 있도록 저의 죽음을 아름답게 하소서. 아멘.

지혜롭게 하소서

하느님, 제가 지혜로워지면 저는 사랑의 하늘을 끝없이 날아 하느님께 닿으면서 신비한 기쁨을 무한으로 얻을 수 있으리라 믿습니다.

제가 이 세상에 머무는 동안, 하느님께서 허락하시는 지혜를 풍부히 얻게 하소서. 너그러움과 평화와 사랑, 그리고 진실과 침묵과 희망으로써 삶의 아름다움을 가득히 펼치는 지혜로운 모습을 자신과 하느님께 당당히 드러내게 하소서.

하느님, 제가 하느님을 그리워하면 저는 지혜롭게 되는 것이라 믿습니다. 저로 하여금 하느님을 간절히 그리워하게 하소서.

제가 하느님의 사랑을 간절히 그리워하면 저는 곧 저의 생각과 말들을 버리면서 지혜롭게 되고, 하느님의 평화를 간절히 그리워하면 저는 곧 저의 몸과 마음을 낮추면서 지혜롭게 되며, 하느님의 영원을 간절히 그리워하면 저는 곧 저의 비열함과 오만함을 떠나면서 지혜롭게 되는 것이라 믿습니다.

저로 하여금 자신을 버리고, 자신을 낮추며, 자신을 떠나서 다만 하느님 안에서 지혜롭게 하소서. 아멘.

선택하게 하소서

하느님, 저는 수없는 선택의 순간들을 맞아 어떤 모습을 보이고 있습니까? 주로 참행복에 닿는 세련된 선택을 하고 있습니까? 아니면 행복한 척 쉽게 모양 낼 수 있는 것들을 고민 없이 선택하고 있습니까?

어렵지만 가치가 있는 것들, 허술해보이지만 진실을 안고 있는 것들을 선택하게 하소서. 하느님께 닿을 수 있는 것들을 주저함 없이 선택하게 하소서.

자신과 가족에만 유익한 것 아닌, 이웃에도 도움이 되는 일을 선택하게 하시고, 허무하게 사라지도록 흘려보내지 않고 하늘에 쌓을 수 있는 빛나는 시간들을 선택하게 하소서.

이웃과 투쟁해서 마음 상하는 일 아닌, 져서 이기는 기쁨을 선택하게 하시고, 미움으로 지옥을 만드는 일 아닌, 용서로써 천국을 만드는 일을 선택하게 하소서. 그리고 육체를 배불리는 일에만 마음쓰지 않고 영혼도 굶지 않게 하는 기도를 선택하게 하시고, 잠시 동안의 부귀 아닌, 영원한 영광을 선택하게 하소서. 아멘.

화해하게 하소서

하느님, 화해한다는 것은 곧 사랑한다는 뜻 아니겠습니까? 갈등이나 대립 상태의 관계를 화해하는 길은 오직 사랑하는 일 뿐 아니겠습니까? 서먹하게 긴장된 관계를 그냥 미루어두거나 모르는 척하는 것은 결코 사랑하는 일이 아니겠지요! 따라서 화해에 이르지 못하는 것이겠지요!

하느님, 제가 사랑함으로써 화해하게 하소서. 스스로 상처 입어 앓고 있는 자신을 사랑해서 화해함으로써 새롭게 출발할 수 있게 하시고, 가슴 시리게 하는 바람이나 옷을 적시게 하는 비, 그 서글픈 것들을 사랑해서 화해함으로써 세상이 편안한 쉼터가 되게 하소서.

또한 저를 미워하거나 알아주지 않는 이들을 사랑해서 화해함으로써 영원을 향한 즐거운 동반자가 되게 하시고, 사랑하라 사랑하라 채근하시는 하느님을 사랑해서 화해함으로써 확실한 구원을 얻게 하소서.

그리고 하느님께서 전적으로 주관하시는 죽음을 사랑해서 화해함으로써 영원히 죽지 않게 하소서. 아멘.

새롭게 하소서

하느님, 저를 새롭게 하소서. 제가 새롭지 않으면 새로움으로써 숨쉬는 나라에 들 수가 없을 것이기 때문입니다. 지금 이대로의 영혼으로서는 진정한 기쁨에 닿을 수가 없고, 나아가 구원을 얻을 수가 없을 것이기 때문입니다.

삶의 틀을 거룩히 짤 수 있도록 저의 생각을 새롭게 하시고, 이웃을 따뜻이 맞을 수 있도록 저의 마음을 새롭게 하시며, 숨어 있는 하늘나라의 세계들을 발견할 수 있도록 저의 눈빛을 새롭게 하소서.

또한 세상과 삶을 너그러이 안아 들일 수 있도록 저의 미소를 새롭게 하시고, 이웃을 기쁘게 위안할 수 있도록 저의 말을 새롭게 하시며, 깊은 삶의 질서를 체험할 수 있도록 저의 아픔을 새롭게 하소서.

또한 소망이 하늘에 밝게 닿을 수 있도록 저의 기도를 새롭게 하시고, 고요함 속에서 하느님의 진리를 깨달을 수 있도록 저의 침묵을 새롭게 하시며, 삶의 희망을 기쁘게 드러낼 수 있도록 저의 노래를 새롭게 하소서.

그리고 영원한 행복에 이르려는 목표를 잊지 않도록 저의 꿈을 새롭게 하소서. 아멘.

다가가게 하소서

하느님, 제가 만약 하느님께로 다가가는 일을 멈춘다면, 저는 곧 어둠의 골짜기에서 시들어버리게 될 것입니다. 하느님께서는 포기하지 않고 무너지지 않고 조금씩이지만 열심히 다가가는 영혼을 받아주실 거라고 믿습니다. 하느님께 다가가는 일이란, 거룩한 삶을 시작하는 일이요 완성하는 일임을 잊지 않고자 합니다.

하느님께로 다가가는 일을 시작하게 하소서. 하느님의 먼 변두리에서 쓸쓸히 맴도는 일을 멈추게 하시어 하느님의 빛에 다가가는 일을 기꺼이 시작하게 하소서.

넘어져도 삶의 목표를 생각하며 다시 일어나 하느님께로 다가가게 하시고, 옷이 흥건히 젖어도 하느님의 햇살에 말리면서 하느님께로 다가가게 하시며, 게으름의 늪에서 빠져 나와 살아 있는 평화를 그리워하면서 하느님께로 다가가게 하소서.

부끄럼이 자주 쌓이지만 고백해서 용서받으며 하느님께로 다가가게 하시고, 몸이 아파도 영원한 빛을 목말라하면서 하느님께로 다가가게 하시며, 때로 하느님의 권능에 의심이 생길 때면, 언젠가 체험했던 위대한 사랑을 떠올리면서 기쁘게 하느님께로 다가가게 하소서. 아멘.

열게 하소서

하느님, 저로 하여금 제 영혼을 열게 하소서. 닫혀서 답답한 삶으로부터 상쾌하고도 거룩한 삶으로 건너갈 수 있게, 어둠 속에서 사라져가는 삶으로부터 밝음 속에서 생생히 빛나는 삶으로 바뀔 수 있게 제 영혼을 열게 하소서. 영혼을 여는 일은 세상과 하늘을 모두 열어 모두를 받아들이는 일이라 믿습니다.

평화를 담은 거룩한 음성을 들을 수 있도록 제 영혼의 귀를 열게 하시고, 영원한 빛을 만날 수 있도록 제 영혼의 눈을 열게 하시며, 하늘나라의 신비한 향기를 맡을 수 있도록 제 영혼의 코를 열게 하소서. 또한 구원의 거룩한 말씀을 이웃에게 전할 수 있도록 제 영혼의 입을 열게 하소서.

그리고 빛 가득한 푸른 하늘을 내다볼 수 있도록 희망의 창을 늘 열게 하시고, 이웃이 언제든지 편하게 들어올 수 있도록 사랑의 문을 늘 열게 하시며, 이웃과 함께 손잡고 끝없이 휘파람 불며 거닐 수 있도록 평화의 초원을 늘 열게 하소서. 아멘.

기다리게 하소서

하느님, 기다린다는 것은, 더욱이 가슴 뛰면서 기다린다는 것은 아름답고 멋있는 삶, 진실로 행복한 삶이겠지요!

그런데 제가 오늘의 삶을 엉성하고도 거칠게 다루고 있으면서 빛나는 삶을 기다리고 있지나 않은지 돌아봅니다. 제가 오늘에다 정성을 바치지 않고 기도를 더 하지 않은 채, 되는 대로 살아가면서 진정한 행복을 기다린다면, 저는 너무나 엉뚱하고 덧없는 소망을 안고 있을 뿐임을 깨닫습니다.

하느님, 제가 좋은 순간을 쌓으면서 좋은 삶을 기다리게 하소서. 낮 동안 하느님의 평화를 생생히 누리면서 아름다운 안식의 밤을 기다리게 하시고, 근심을 사라지게 하는 빛을 꿈꾸면서 상쾌한 희망의 아침을 기다리게 하시며, 자신을 아름답게 가꾸어가면서 아름다운 이웃 만나기를 기다리게 하소서.

오늘을 하느님 안에서 생생히 지어내면서 하늘나라의 삶을 가득 담은 내일을 기다리게 하시고, 하느님의 사랑과 평화를 얻기 위해 땀을 흘리면서 하느님 만나기를 기다리게 하시며, 일생 동안 거룩한 삶을 이어가면서 영원한 생명이 빛나는 죽음을 기다리게 하소서. 아멘.